本书受到国家自然科学基金项目"基于双重价值链……优势重构研究"（项目编号：71972063）、国家社……链下中国高端装备制造业服务化升级机理、实现路……编号：18BJY102）、国家自然科学基金项目"不同……优势动态演进研究——基于异质性视角"（项目编号：71672051）的资助

Zhizaoye Quanqiu Jiazhilian Qianru yu
Jingzheng Youshi Yanjiu

制造业全球价值链嵌入与竞争优势研究

马晶梅 王成东 著

中国财经出版传媒集团
经济科学出版社
Economic Science Press

图书在版编目（CIP）数据

制造业全球价值链嵌入与竞争优势研究/马晶梅，王成东著. --北京：经济科学出版社，2020.12
ISBN 978-7-5218-2167-3

Ⅰ.①制… Ⅱ.①马…②王… Ⅲ.①制造工业-工业发展-研究-中国 Ⅳ.①F426.4

中国版本图书馆 CIP 数据核字（2020）第 250181 号

责任编辑：王柳松
责任校对：郑淑艳
责任印制：王世伟

制造业全球价值链嵌入与竞争优势研究

马晶梅　王成东　著
经济科学出版社出版、发行　新华书店经销
社址：北京市海淀区阜成路甲 28 号　邮编：100142
总编部电话：010-88191217　发行部电话：010-88191522
网址：www.esp.com.cn
电子邮箱：esp@esp.com.cn
天猫网店：经济科学出版社旗舰店
网址：http://jjkxcbs.tmall.com
北京季蜂印刷有限公司印装
710×1000　16 开　12.75 印张　170000 字
2020 年 12 月第 1 版　2020 年 12 月第 1 次印刷
ISBN 978-7-5218-2167-3　定价：59.00 元
(图书出现印装问题，本社负责调换。电话：010-88191502)
(版权所有　翻印必究　举报电话：010-88191586
电子邮箱：dbts@esp.com.cn)

前　言

制造业是一国国民经济生产及对外贸易的重要内容，其竞争优势在很大程度上体现了该国在全球分工中的地位。随着全球经济一体化趋势的不断加强，产品不同环节、不同阶段的生产实现了空间分割，并在不同国家和区域间日益细化。与此同时，随着制造业全球价值链上生产工序的日趋复杂，产品生产链条逐渐加长，各国关联日益紧密和复杂，竞争优势也逐渐发生变化。

统计数据显示，2018年，以增加值衡量的制造业全球总产出为13.8万亿美元，同期制造业全球总出口为13.2万亿美元，占总产出的94.1%。从个别年份及国家看，这一比重甚至超过100%。导致制造业总出口接近甚至大于总产出规模这一"统计幻觉"的主要原因是：在全球价值链背景下，中间产品交易日益频繁，贸易规模持续扩大，在总出口中所占比重也明显提高，这些一方面，促使各国之间形成关联日益紧密的全球生产网络；另一方面，也使得全球贸易核算以及各国通过对外贸易中的利得获取、分配变得更加复杂。

当前，全球货物贸易统计和核算主要采用海关数据进行。然而，海关数据统计建立在一国出口产品的生产及增值均发生在出口国国内的假设之上，适用于衡量传统国际分工模式下各国及全球贸易规模。而在全球价值链背景下，众多制造业生产环节实现了跨国的空间分离，各国之间分工模式日益精细化，传统的产业间分工已经完全被产业内分工、产品内分工，甚至工序分工所替代，出口产品中包含越来越多的进口中间产品价值。因此，传统的贸易核算方法不仅无法衡量出一国真实贸易规模，也无法体现出各国在国际分工中的地位及竞争优势。

随着中国经济进入新常态，国民经济增长速度继续下行，以制造业为核心的实体经济增长乏力，制造业产业转型升级压力不断加大。改革开放以来尤其加入WTO后，中国利用显著的成本优势，嵌入制造业全球价值链，并在中低技术制造业及高技术制造业的中低端生产环节中拥有很强的市场优势。然而，发达国家在高技术制造业尤其是核心零部件产品生产上一直占据主导地位。并且，近年来，全球经济及贸易增长速度普遍放缓，西方发达国家出现"反全球化"浪潮，贸易保护主义抬头，中国经济面临的国际环境日趋恶化。2018年，美国单方面挑起的贸易摩擦更是突显了中国高技术产业发展受到上游发达国家关键零部件和核心技术的制约，也反映出中国制造业所处全球价值链的不稳定性和脆弱性。此外，作为中国制造业产品最大的出口市场和高技术主要来源国之一，美国对中国制造业尤其是高技术制造业的遏制战略会在相当长时期内存续甚至强化，这意味着针对高技术领域的贸易摩擦将成为中美经贸关系的常态。加上中国国内劳动力成本优势逐步削弱，部分生产环节开始向国外转移，中国同时面临高技术制造业全球价值链嵌入的技术发展"瓶颈"以及中低技术制造业市场优势被削弱的严峻挑战。

本书基于新贸易核算框架，采用增加值贸易数据，对全球及各主要国家制造业真实贸易规模、市场优势进行测算和衡量，并引入社会网络分析法，考察全球价值链背景下制造业网络的整体特征和个体特征。在此基础上，深入分析网络特征对中国制造业在全球价值链嵌入位置的影响，为重新构建中国制造业竞争优势，推动中国产业结构调整和转型升级提供重要的理论与实践依据。

本书一共分为六章：第一章介绍了本书的研究背景、研究意义及国内外的研究综述；第二章分别采用传统贸易核算框架和新贸易核算框

前　言

架，对全球及主要国家制造业市场优势进行测算和比较；第三章结合社会网络的分析方法，对全球制造业的网络整体特征及各主要国家的网络优势进行细致刻画；第四章通过测算得出全球及主要国家制造业全球价值链嵌入位置，并考察各国网络优势对于其嵌入位置的影响；第五章将全球价值链要素引入制造业技术优势评价体系之中，并以高端装备制造业为代表，考察制造业全球价值链嵌入与技术优势之间关系；第六章基于前文研究结果，提出提升中国制造业全球价值链嵌入竞争优势的政策建议。

马晶梅负责撰写第一、二、三、四、六章；王成东负责撰写第五章及全书的校对工作。

最后，作者对相关部门、专家学者及家人在本书撰写过程中给予的支持及帮助表示感谢！受研究水平所限，本书可能存在的不足之处，还请读者批评指正。

马晶梅
2020 年 2 月

目 录

第一章　引言　　1
第一节　研究背景及研究意义　　1
第二节　国内外研究现状　　7
第三节　研究内容与研究方法　　23

第二章　制造业全球价值链嵌入的市场优势　　26
第一节　传统贸易核算框架下制造业市场优势　　26
第二节　制造业全球价值链嵌入的总体市场优势　　33
第三节　不同技术制造业的全球价值链嵌入市场优势　　50
第四节　不同产品制造业的全球价值链嵌入市场优势　　65

第三章　制造业全球价值链嵌入的网络优势　　75
第一节　制造业全球价值链嵌入的网络整体特征　　75
第二节　制造业全球价值链嵌入的网络优势　　79
第三节　不同技术制造业全球价值链嵌入的网络优势　　89
第四节　不同产品制造业全球价值链嵌入的网络优势　　108

第四章　制造业全球价值链嵌入位置与网络优势　　121
第一节　制造业全球价值链嵌入位置　　121
第二节　理论框架与模型构建　　125
第三节　回归结果　　131

第五章　制造业全球价值链嵌入与技术优势　　145
第一节　全球价值链嵌入与技术优势评价体系　　146
第二节　实证研究：以高端装备制造业为例　　151

第六章　提升制造业全球价值链竞争优势的政策建议　　164
第一节　以技术创新驱动建设制造强国　　165
第二节　以全面开放推进建设贸易强国　　167
第三节　以产业调整引领建设经济强国　　170

附录　　172

参考文献　　176

第一章 引 言

第一节 研究背景及研究意义

一、研究背景

制造业是各国国民经济的重要组成部分和未来竞争战略的焦点，也是全球贸易的核心内容。据世界贸易组织（WTO）和世界银行统计，2000~2017年，全球制造业总出口从46 895亿美元增长到121 605亿美元，增长1.6倍（见图1-1）。同期，全球制造业增加值从61 488亿美元增长到131 432亿美元，增长1.1倍。由此可以看出，全球制造业总出口占其增加值比重从76.3%增长到92.5%。并且，在此期间的2007年、2008年，全球制造业总出口占其增加值比重超过100%，分别达到101.0%和102.6%，见表1-1。[1]

从2000~2017年主要国家制造业总出口在增加值中的占比看，各国存在巨大差异。

欧洲国家总出口占增加值比重明显大于100%，并且，与100%差

---

[1] 由于以总产值衡量的制造业产出规模大于以增加值衡量的产出规模，因此，如果以总产值对制造业产出进行衡量，总出口与总产值之比小于总出口与增加值之比。然而，一方面，缺乏总产值衡量的制造业产值数据；另一方面，在各国制造业生产中，其投入主要来自制造业内部，来源于其他行业的投入占比较小。因此，实际上，总出口与增加值之比，与总出口与总产值之比相差并不大。

距逐年增大。

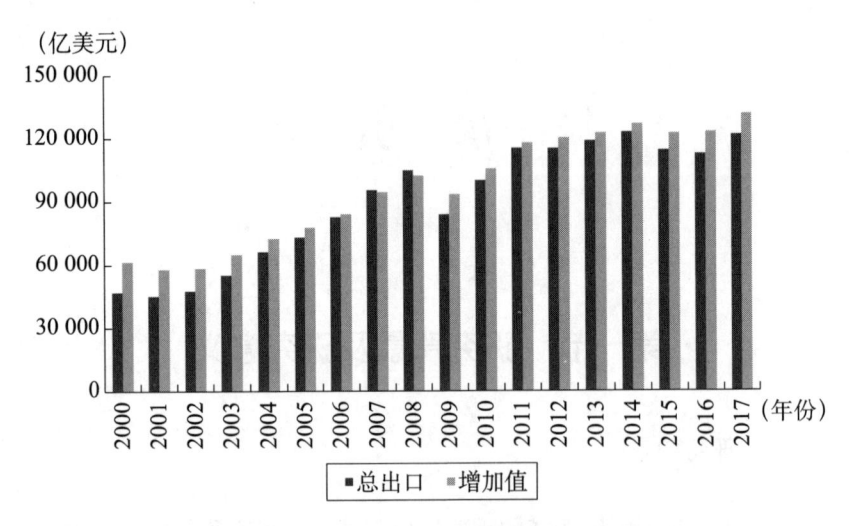

图1-1 2000~2017年全球制造业总出口与增加值

资料来源：笔者根据世界贸易组织数据和世界银行数据计算整理而得。

表1-1　　　2000~2017年主要国家及全球平均制造业总出口占增加值比重　　　单位：%

年份	中国	德国	法国	英国	意大利	日本	韩国	美国	全球
2000	—	121.0	138.3	104.2	105.7	40.8	106.0	41.7	76.3
2001	—	126.8	140.8	108.8	107.5	40.9	103.0	40.9	78.0
2002	—	132.3	135.5	105.0	104.5	45.1	100.9	38.8	81.2
2003	—	132.4	134.2	103.8	101.7	46.8	109.4	38.6	84.6
2004	86.7	141.0	138.1	104.8	108.0	51.0	117.4	41.2	91.2
2005	95.5	147.8	139.7	110.7	111.5	53.1	112.7	43.1	93.9
2006	100.3	154.1	145.7	125.0	117.7	59.9	114.3	45.6	98.2
2007	98.8	159.8	143.9	111.0	121.2	64.3	115.6	48.6	101.0
2008	90.2	165.0	148.3	116.0	123.0	64.2	141.2	53.4	102.6
2009	69.8	160.4	134.5	122.5	113.1	50.7	137.3	47.2	89.7
2010	76.7	161.9	147.9	127.7	120.9	57.3	135.2	52.8	94.5
2011	73.2	165.8	154.1	135.5	130.5	59.9	138.2	56.5	97.7
2012	71.6	167.8	158.1	133.5	138.4	58.0	134.3	57.4	95.7
2013	70.8	166.0	154.8	127.2	142.1	62.5	130.4	56.8	96.8
2014	69.1	163.2	155.1	122.2	145.1	63.2	127.7	57.1	96.9

续表

年份	中国	德国	法国	英国	意大利	日本	韩国	美国	全球
2015	66.9	167.5	158.0	122.0	143.8	59.7	125.7	53.2	92.9
2016	62.3	161.4	158.2	128.8	139.0	55.3	117.3	52.4	91.1
2017	61.2	167.8	162.0	137.5	143.8	60.0	121.2	51.9	92.5

资料来源：笔者根据世界贸易组织数据和世界银行数据计算整理而得。

在表1-1中，相比之下，中国、日本、韩国等亚洲国家及美国制造业总出口在增加值中的占比，明显低于欧洲主要发达国家。其中，日本制造业总出口与美国制造业总出口在增加值中的占比远低于100%，数值较为相似；在初期，中国、韩国数值较为相似，制造业总出口与其增加值比重在100%上下；2008年金融危机之后，数值不断下降，逐渐与美国、日本接近。

导致全球平均水平及一些国家制造业总出口规模接近甚至大于其产出规模这一"统计幻觉"的主要原因是：随着经济全球化步伐的加快，制造业国际分工模式发生了重大变化——中间产品贸易规模不断扩大，交易愈发频繁，在总出口中所占比重明显提高。一方面，这促使各国之间形成关联日益紧密的全球生产网络；另一方面，也使得全球贸易核算以及各国通过对外贸易的利得获取、分配变得更加复杂。

当前，全球制造业贸易规模统计主要基于传统的贸易核算方法，即采用海关贸易数据进行统计和核算。然而，海关统计的贸易数据，是建立在一国出口（进口）产品的生产及增值均发生在出口国（进口国）国内的假设之上。以出口为例，一国总出口统计是将该国所有出口产品金额加总，同时，假设这些出口产品所包含的全部中间投入均为本国生产，在国内增值。在这种古典贸易理论的传统国际分工方式下，各国贸易利得全部包含在其出口总价值中。而在全球价值链背景下，制造业生产的（跨国）空间分割日趋加剧，各国之间的分工模式日益精细化，传统的产业间分工已经完全被产业内分工、产品内分工甚至工序分工所替代。越来越多的贸易产品中包含相当比重的进口中间产品价值，并且，在产品总价值中所占比重不断扩大，因此，传统的贸易核算方法不仅无法衡量一国真实的贸易规模，也无法体现各国的国际分工地位及竞争优势。

与此同时，随着中国国内经济进入新常态，国民经济增长速度继续下行，以制造业为核心的实体经济增长乏力，制造业产业转型升级压力不断加大。在制造业全球价值链中，中国虽然利用成本优势在中低技术制造业以及高技术制造业的中低端生产环节拥有很强的市场优势，然而，发达国家在高技术制造业一直占据主导地位。并且，近年来，全球经济及贸易增长速度普遍放缓，西方发达国家出现"反全球化"浪潮，贸易保护主义抬头，中国经济面临的国际环境日趋恶化。中国高技术产业的发展受到上游发达国家关键零部件和核心技术的制约，不仅总体上处于劣势地位，也反映出中国制造业所处全球价值链的不稳定性和脆弱性。此外，作为中国制造业产品最大的出口市场和高技术产品主要来源国之一，美国对中国制造业尤其是高技术制造业的遏制战略会在相当长时期内存续甚至强化。这意味着，针对高技术领域的贸易摩擦将成为中美经贸关系的常态。加上中国国内劳动力成本优势逐步削弱和丧失，部分生产环节开始向国外转移，中国同时面临高技术制造业全球价值链嵌入的技术发展"瓶颈"以及中低技术制造业市场优势被削弱的严峻挑战。

本书采用新贸易核算框架，对全球及各主要国家制造业真实贸易规模、市场优势进行测算和衡量，并引入社会网络分析法，将全球各国制造业真实贸易规模纳入网络中，分别从全局层面和双边层面来分析全球价值链背景下制造业网络的整体特征和个体特征。在此基础上，深入分析网络特征对制造业在全球价值链嵌入位置的影响，为重新构建中国制造业竞争优势、推动中国产业结构调整及其转型升级提供重要的理论依

第一章 引言

据与实践依据。

通过研究本书旨在回答以下问题：从哪些层面、如何科学测算和评价各国制造业在全球价值链嵌入过程中的竞争优势？各主要国家制造业竞争优势的变化趋势如何？其竞争优势对各国在全球价值链嵌入位置的影响如何？

二、研究意义

在全球价值链背景下，各国制造业生产关系及贸易关系日趋错综复杂，传统的贸易核算框架不再适用于对一国贸易规模、各国分工地位、竞争优势度量。此外，从单纯的"关系"属性层面分析全球制造业及各国制造业贸易关系，也显示出越来越大的局限性。因此，需要基于网络视角，采用新贸易核算框架下的增加值分解方法，对全球及各主要国家制造业的真实贸易规模进行核算。以此作为依据，进一步考察各国在制造业全球价值链嵌入过程中所表现出的真正竞争优势。

1. 理论意义

随着全球中间产品贸易比重的不断上升，采用新贸易核算框架下的增加值数据代替传统海关统计数据不仅能够有效地避免"统计幻象"的产生，而且，能够更为客观、科学地体现一国制造业通过贸易嵌入全球价值链，参与国际市场的获利能力和分工地位。因此，本书基于总贸易核算框架，对全球制造业及主要国家制造业的真实贸易规模及市场优势进行测算和比较，丰富并拓展了竞争优势理论，对于厘清全球制造业竞争优势来源和国际分工原因有着重要的理论意义。

既有研究主要关注全球或双边国家贸易的具体规模，或以某个部门的贸易规模作为研究对象。本书以全球各国间的贸易关联为研究对象，研究国家间贸易关联的网络特征以及对全球价值链嵌入位置的影响，将社会网络分析法应用到国际贸易领域，扩大并丰富了社会网络分析法的应用范畴，为新经济形势下发展中国家产业升级理论提供新的思路和线索。

2. 现实意义

制造业作为全球经济发展的主体产业，不仅是推动各国经济增长的重要力量，也是全球贸易的核心内容。并且，在全球价值链背景下，通过描述和具体刻画一国制造业竞争优势及其网络特征，为了提升其在国际分工中的位置，客观分析和正确认识中国及其他主要国家制造业在全球价值链上的分工地位及竞争优势来源提供客观依据。

本书以制造业作为研究对象，考虑到各国要素禀赋、贸易结构以及经济发展水平存在较大差异，选取经济合作与发展组织（OECD）、世界贸易组织（WTO）与联合国贸易和发展会议（UNCTAD）构建的国际投入产出数据库（World Input-Output Database，WIOD）中42个国家的国际投入产出表（World Input-Output Tables，WIOTs）数据，并以制造业生产规模及贸易规模最大的8个主要国家为研究对象。[①] 通过重新估算各国制造业真实的贸易规模，据此对各国市场优势、网络优势、技术优势以及全球价值链嵌入位置进行测算和刻画。在此基础上，检验一国制造业网络优势对其全球价值链嵌入位置的影响。本书为科学、全面地衡量中国制造业国际竞争力，制定培育并提升制造业竞争优势、促进制造业对外贸易结构优化和全球价值链升级的产业政策、贸易政策提供现实依据。

---

① 这42个国家按国家英文缩写排序依次为澳大利亚、奥地利、比利时、保加利亚、巴西、加拿大、瑞士、中国、塞浦路斯、捷克共和国、德国、丹麦、西班牙、爱沙尼亚、芬兰、法国、英国、希腊、克罗地亚、匈牙利、印度尼西亚、印度、爱尔兰、意大利、日本、大韩民国、立陶宛、卢森堡、拉脱维亚、墨西哥、马耳他、荷兰、挪威、波兰、葡萄牙、罗马尼亚、俄罗斯联邦、斯洛伐克共和国、斯洛文尼亚、瑞典、土耳其、美国。

在本书中，全球排名指在这42个样本国家中的排名，书中称为42个国家排名；主要国家排名指在8个主要样本国家中的排名。

第二节　国内外研究现状

一、竞争优势的相关研究

1. 竞争优势来源理论

早期的竞争优势理论主要研究企业竞争优势的来源，主要分为竞争优势外生理论和竞争优势内生理论。国外学者为竞争优势研究奠定了理论基础，国内学者则主要围绕这些理论展开实证研究。

（1）竞争优势外生理论

竞争优势外生理论认为，企业的竞争优势主要源于外部市场竞争和市场结构。最具代表性的是迈克尔·E. 波特（1980）提出的五种竞争力模型，竞争优势外生理论将供应商、顾客、潜在竞争者、替代品和同行竞争者五种因素作为企业竞争优势的来源。此后，迈克尔·E. 波特（1985）引入价值链作为企业竞争优势的分析工具，提出企业与价值链上同行业竞争者之间的差异化（如成本差异）构成企业的潜在竞争优势。竞争优势外生理论强调通过外部市场获得竞争优势，忽视了企业内在构建竞争优势的能力和潜力，因此，具有明显局限性。

（2）竞争优势内生理论

竞争优势内生理论主要从企业内部对竞争优势来源进行研究，以资源基础理论为代表。资源基础理论最早由潘罗斯（Penrose，1959）提出，认为企业所拥有的且能够掌控的信息、能力等资源构成企业成长和竞争优势的源泉。由于资源具有异质性，使得企业竞争能力及竞争优势也存在明显差异。巴尼（Barney，1991）提出持续性竞争优势的概念，指出竞争优势是企业面对现有竞争对手或潜在竞争对手时，能够在长期内保持的竞争优势。企业持续性竞争优势取决于企业资源禀赋是否具备有价值、稀缺、无法复制、不可替代的特征。沃纳菲尔特（Wernerfelt，

1989）认为，企业是由一系列异质性资源组成的集合，其内部拥有的异质性资源和异质性能力决定企业的竞争优势。

根据关注重点不同，资源基础理论的研究可以分为两个方向：核心竞争力理论和动态能力理论。核心竞争力理论认为，核心竞争力是企业拥有的为消费者提供难以被复制和模仿的能力，其竞争优势来源于企业创新和累积成长的能力（Hamel，1994）。

特斯（Teece，2007）最早提出动态能力的概念，特斯和皮萨诺（Teece and Pisano，1994）和特斯（Teece，2010）认为，动态能力是企业通过整合、构建及重置其内部组织，使其适应复杂、多变的外部环境的能力。具备动态能力的企业能够根据外部市场变化、迅速、有效地重新配置企业资源，安排企业业务流程，因而能够维持及提升企业的竞争优势（George，2005）。此后，一些学者从企业组织能力（Winter，2003）、实施基本运营功能的实体能力（Zahra et al.，2006）、有效整合资源的动态性能力（Wang and Ahmed，2007）、变革资源基础和战略能力（Ambrosini and Bowman，2009）角度对动态能力展开探讨。

在中文文献中，罗珉和刘永俊（2009）、马鸿佳等（2014）认为，动态能力是企业应对外部环境变化时，对企业资源、生产流程、经营路径等内外部资源进行配置、整合及更新的独特、持久的能力。一些文献基于蒂斯（Teece）的研究成果，进一步对动态能力的维度展开讨论（冯军政，2011；吴航，2014）。董保宝和李全喜（2013）指出，企业竞争优势应同时具有价值性、独特性、集合性及动态性，才能确保其竞争优势的可持续性，并在此基础上，提出基于"资源的价值性、能力集合性及动态性"的整合竞争优势理论。

还有一些研究将外生优势理论和内生优势理论结合起来，将外部信息与企业自身资源进行整合，形成和构建其全面的竞争优势（Runyan et al.，2009）。此外，一些中文文献具体指出，在应对外部环境变化

第一章 引 言

时，企业对资源、生产流程、经营路径等内、外部资源进行配置、整合及更新的能力，是其竞争优势的重要来源（罗珉和刘永俊，2009；马鸿佳等，2014；吴航，2014）。

2. 竞争优势的影响因素与竞争优势的评价

（1）竞争优势的影响因素

许多文献从技术创新角度研究其对企业竞争优势的影响。格罗斯曼（Grossman，1995）认为，技术创新始于研究开发，终于市场实现，这一动态过程是影响企业竞争优势的关键因素。卡普林斯基等（Kaplinsky et al.，2001）、汉弗莱和施米兹（Humphrey and Schmitz，2002）研究得出，企业通过技术创新提升生产效率，从事高附加值和高技术含量的活动环节，从而获取竞争优势。沃尔特斯（Walters，2007）进一步指出，技术创新的基础包括技术改进和技术突破，技术创新的方式包括过程创新、产品创新、功能创新和价值链创新。

在国内研究中，相当数量的学者以出口为视角，对出口企业竞争优势展开探讨和研究。姚洋和章林峰（2008）从技术变迁的研究视角，分析其对中国本土企业出口竞争优势的影响。宗毅君（2012）采用贸易数据，分析了出口增长"二元边际"对中美两国出口竞争优势的影响及贡献。王岚和盛斌（2013）基于本土市场效应，考察其对中国出口到美国的制成品竞争优势的影响。王涛生（2013）、施炳展和邵文波（2014）研究了出口产品质量对中国出口竞争优势的影响。聂聆和李三妹（2014）从人力资源禀赋、贸易开放度和FDI视角，分析其对中国制造业国际竞争优势的影响。谢子远和张海波（2014）分别从技术标准、工资增长、人民币升值和产业集聚方面，分析其对中国制造业国际竞争优势的影响。魏守华（2015）、周斌（2015）结合技术进步与规模经济融合研究视角，考察其对中国高技术产业国际竞争力的影响。

(2) 竞争优势的测度和评价

中文文献大多采用衡量一国国际竞争力或产业国际竞争力的研究方法，对出口竞争优势展开实证研究。其中，大部分文献通过构建相关指标变量，包括市场占有率（陈丽丽，2013）、显示性比较优势指数（RCA）（胡冬梅和潘世明，2012；聂聆和李三妹，2014；戴翔，2015）、国际垂直专业化指数（胡昭玲和张咏华，2015）、技术复杂度指数（姚洋和章林峰，2008；戴翔，2011；胡冬梅和潘世明，2012；戴翔，2015），对出口竞争力进行测算和分析。

还有一些文献结合几种指数的测算方法，如郑展鹏（2010）结合贸易竞争指数和 Michaely 指数（Michaely Index，MI），王恩胡和杜婷（2015）运用市场占有率、显示性比较优势（RCA）指数和贸易竞争指数等指标，刘重力等（2010）分别采用 RCA 指数、竞争优势指数和显性竞争力指数，岑丽君（2015）结合全球价值链（GVC）指数和显示性比较优势指数，对中国出口竞争优势进行测算和分析。此外，王岚和盛斌（2013）采用改进的倍差引力模型、宗毅君（2012）运用脉冲响应函数及方差分解方法、施炳展和邵文波（2014）利用回归反推方法，对中国出口竞争优势进行了探讨。

二、全球价值链的相关研究

全球价值链的研究最早可以追溯到 20 世纪 80 年代，迈克尔·E.波特（1985）指出，公司的经营活动是由多个独立又相互关联的活动构成的，体现在企业的产品研发、生产、销售以及人员管理活动中，在创造价值过程中形成一条各环节密切联系的链条，即价值链。公司的内部价值链和其他公司的内部价值链相互链接，构成了更大规模的价值链。科格特（Kogut，1985）将价值链理论从企业层面引申到国家层面，在经济全球化背景下，企业战略的制定过程就是将价值链中的资金、技术、劳动力在全球网络进行优化配置的过程。

在国际贸易领域，格里芬等（Gereffi，1999，2001）较早对全球价值链展开研究。该文献认为，生产全球化意味着国际上分散活动之间的功能整合，不同国家通过嵌入产品的某些生产阶段而获得增加值，而全球价值链是将这种整合形式概念化的一种有效手段。此外，卡普林斯基和摩里斯（Kaplinsky and Morris，2000）也将价值链称为产业链，提出全球产业链的概念，强调各国在同一产品各个价值环节的分工。

1. 全球价值链与企业升级

企业升级是全球价值链理论早期研究的重要组成部分。实际上，企业升级过程也是企业竞争优势的构建过程和实现过程。相关研究主要围绕以下两点展开。

（1）企业升级机制

格里芬（Gereffi，1994，1999）考察了不同全球价值链治理模式下企业的运行机制和升级机制。联合国工业发展组织（UNIDO，2002）侧重于研究，发展中国家企业在供应链引发的学习效应下，通过嵌入全球价值链进入新市场，从而获取先进技术和升级的机会。黄永明等（2006）认为，与主导企业建立合作关系，利用信息流动、知识溢出、动态学习和合作效应，或者通过技术引进提高自主创新能力，都能有效地促进企业升级。俞荣建（2010）基于共同演化范式，分析了多层次嵌入情境、初始条件、演化机理以及全球价值链"升级"演化结果或"伪升级"演化结果。

（2）升级模型及升级路径

格里芬（Gereffi，1999，2005，2010）通过对东亚地区服装产业链的研究，提出发达国家主导的企业能够帮助和促进发展中国家的企业实现在全球价值链上的"原始设备生产商（origin equipment manufacturing，OEM）→原始设计制造商（origin design manufacturing，ODM）→

原始品牌制造商（origin brand manufacturing，OBM）"的升级过程。在此基础上，汉弗莱（Humphrey，2000，2002）从技术水平和市场能力角度，将发展中国家集群中的企业升级分为工艺流程升级、产品升级、功能升级、跨产业升级从低到高的四种模式。弗雷德里克（Frederick，2011）分析了纺织品配额结束后，新兴国家服装出口企业升级路径以及与之相应的供应链合并方式和重组方式。

2. 新贸易核算框架及应用

（1）基于增加值的新贸易核算框架

针对传统海关数据导致的"统计幻象"问题，赫迈尔斯等（Hummels et al.，2001）最早应用投入产出数据，根据出口产品价值来源和最终吸收地，对一国贸易总额进行分解（简称HIY法）。约翰逊和诺格拉（Johnson and Noguera，2012）构建加工贸易投入产出表，根据行业出口增加值率对加工贸易大国增加值贸易规模进行测算。在此基础上，库普曼等（Koopman et al.，2008，2010，2012）通过放松HIY的前提假设，对其进行修正，将一国出口按其价值来源进一步进行分解，构建了新贸易核算框架（KWW）。约翰逊等（Johnson et al.，2012）进一步构建了以加工贸易方式为研究对象的投入产出表，通过测算出口增加值率，对加工贸易国家的增加值贸易规模进行更为科学的测算。此后，王直等（2016）基于HIY法和KWW法建立三国投入产出模型，对一国总出口进行更为深入的分解，完善了新贸易核算框架。洛斯和提姆（Los and Timmer，2018）则构建了包括国外消费增加值和出口增加值的双边附加值出口的统一核算框架。阿尔法罗（Alfaro，2019）提出了企业边界的产权模型，并用于衡量企业在价值链中的位置，研究表明企业整合价值链上下游企业一体化的关键是其需求价格弹性。

（2）基于新贸易核算框架的实证测算

中文文献主要在新贸易核算框架下，对一国整体（中国）和双边真实贸易收益进行测算。大多数研究结果显示，中国总体进出口规模及顺差规模均被较大程度高估（李昕，2012）。也有文献得出不同结论，如葛明和林玲（2016）研究发现，中国单边贸易净额没有变化，但是双边贸易失衡结构有所改善。

在双边贸易规模研究中，以中美贸易作为研究对象的成果最为丰富。大部分研究证实，中国在对美国巨额的贸易顺差中，并没有获得相应规模的贸易利益（刘建江和杨细珍，2011；王岚和盛斌，2014；曾丹青和于津平，2016）。还有文献得出，由于中国出口所含国内增加值率下降，单位商品出口获利能力有所减弱（王俊和杨恬恬，2015）。此外，黎峰（2015）研究得出，中美货物贸易差额被严重高估，同时，服务贸易差额被明显低估。

随着新贸易核算框架的不断完善，许多学者基于已经构建的GVC指数，对一国或行业在全球价值链上的分工位置、分工地位等展开实证研究，通过对这些指数的测算，对行业竞争优势进行衡量和评价。

3. 全球价值链分工形态的测算

（1）全球价值链分工形态的具体测算和描述

绝大多数文献基于KWW框架，采用投入产出数据，构建相关指数，对行业层面的全球价值链位置、地位和产业关联进行考察。库普曼等（Koopman et al.，2011）通过对KWW进行修正，进一步构建库普曼－鲍尔斯－王直－魏尚进（Koopman，Powers，Wang Z.，Wer S. J.，KPWW）核算框架以及全球价值链位置指数、前后向参与指数等一系列全球价值链指数。安特拉斯等（Antràs et al.，2012）通过构建"上游度"指数，测算一国参与全球价值链的具体位置，研究结果表明，上游度越大，距价值链原点越近。阿尔法罗等（Alfaro et al.，2017）采用上游度指标，考察最终产品需求弹性对企业上下游整合选择的影响。安特拉斯和楚（Antràs and Chor，2013，2018）构建了下游度指标，对行业在全球价值链的位置进行了更为细致的描述。王等（Wang et al.，2017a，2017b）构建并采用全球价值链上游度、生产链长度、全球价值链参与度等一系列指数，对 2000～2014 年 44 个国家的 56 个部门进行测算。此外，米歇尔等（Michel et al.，2018）采用比利时制造企业数据，将企业分为出口导向企业和面向国内市场企业，测算出口中的附加值能力及创造值能力，确定这两类企业在全球价值链上与其关联企业的关系。

许多中文文献基于构建的全球价值链相关指数，进行实证测算和实证分析。一些中文文献采用全球价值链位置指数和全球价值链参与度指数，如王岚（2014）测算了中国不同技术水平的制造业嵌入全球价值链的位置路径，研究发现，中低技术产业及中技术产业作为中间产品嵌入全球价值链上游位置，中高技术产业及高技术产业则嵌入下游位置。王直（2015）重新修正了全球价值链位置指数、全球价值链参与度指数和 RCA 指数。赖伟娟等（2017）研究发现，中国处于全球价值链下游，日本、美国处于上游，欧盟则呈现两头参与产品生产和产品出口。杨仁发（2019）研究了生产性服务投入与制造业全球价值链嵌入位置提升的影响路径，发现技术创新、融资能力能够促进嵌入位置的提升，人力资本则抑制嵌入位置的提升。刘会政（2018）通过测算中欧双边真实贸易量、贸易结构和要素结构，发现欧盟向中国出口的增加值以资本创造、中技术劳动力创造的中间产品为主，处于全球价值链的上游位置。

一些中文文献基于上游度指数，如王岚（2015）研究了中国不同技术水平制造业嵌入全球价值链的增值能力，发现低技术产业增值能力先降后升，中技术产业及高技术产业的增值能力呈现下降趋势。高翔（2019）研究表明，中国制造业在全球价值链的上游度明显上升，2008年世界金融危机后稍有下降。沈鸿（2019）研究表明，企业出口上游

第一章 引 言

度对成本加成呈现正向效应，而净出口上游度通过影响国内中间产品的规模对成本加成呈现负向效应。一些中文文献基于阿普沃德等（Upward et al.，2013）的区分贸易方式进行研究。如吕越（2016，2017）研究得出，嵌入全球价值链与其生产率呈现倒"U"形关系，通过中间产品进口、市场规模以及竞争力三种路径提升企业生产率。并且，加工贸易企业效应要比一般贸易企业效应明显。罗军（2019）研究表明，生产性服务进口通过技术创新及贸易自由化对中国制造企业嵌入全球价值链功能升级产生正向效应，通过生产成本对其产生负向效应。

还有文献基于全球价值链前向参与度指数、后向参与度指数，如王思语（2019）研究发现，全球价值链前向嵌入程度对技术复杂度的提升具有正向效应，后向嵌入程度越小，会抑制技术复杂度的提升。马盈盈（2019）研究发现，服务贸易自由化对制造业嵌入全球价值链前向参与度具有促进效应，对后向参与度则恰好相反。

此外，有文献证实，中国制造业在全球价值链中所处位置较低，产品获利能力较差（廖泽芳和宁凌，2013）。一些学者认为，中国各个行业在全球价值链中的位置不断提升，对全球价值链的贡献度越来越大（樊茂清和黄薇，2014），参与全球价值链的程度不断攀升（尹伟华，2016；幸炜等，2018）。还有研究表明，中国制造业在全球价值链上的地位变化呈现"L"形（周升起等，2014）、"右偏V型"（黄光灿等，2018）的演变趋势和演变规律。此外，葛阳琴和谢建国（2018）采用分层结构分解法（HSDA）研究发现，中国在全球价值链上的分工形态变化，尤其是前向产业关联变化和国内生产分工调整是影响其出口增速下降的重要因素。

（2）全球价值链与竞争力

戴翔（2015）从产业层面测算中国出口增加值，并采用修正的传统显性比较优势指数对中国产业出口竞争力进行评估。黎峰（2015）

构建了出口优化度指数，分别从行业层面、双边贸易角度及多边贸易角度对主要出口国的产品结构进行测度。岑丽君（2015）采用增加值贸易（trade in value-added，TiVA）数据，分别对中国劳动密集型行业、资本技术行业、知识密集型行业出口的国内贡献及国际竞争力进行测算。王岚（2019）研究发现，嵌入全球价值链对中国制造业贸易竞争力具有正向的促进效应，其影响机制有 FDI、全要素生产率以及与国家发展水平相关的专业化和干中学效应。

三、社会网络分析与全球价值链的相关研究

1. 社会网络分析方法在国际贸易领域的应用

（1）国外研究现状

网络分析方法源于数学中的图论，网络是由节点和节点之间的关联（边）构成的集合。社会网络分析方法认为，社会网络是由社会能动者作为节点和节点之间的联系者所构成的系统，该方法偏重于对网络结构的分析，以节点和节点间的关联为主，并将网络中的每一个节点进行排列，根据矩阵的特征及运算性质，对矩阵中的节点进行相关的量化分析。近年来，随着计算机技术的发展和国内外学者的深化研究，社会网络分析方法在社会学、理工学科、经济管理等多个领域得到较为广泛的使用。

在国际贸易领域，一些学者以国家（地区）为节点，以国家（地区）间的贸易关系为边，采用社会网络分析法研究国家（地区）间的相互贸易关联。由于该方法具有很强的适用性，因而，能够较好地揭示各国（地区）在全球生产网络及贸易网络中的特征及演变趋势。

早期将社会网络分析法应用于国际贸易领域的是斯奈德（Snyder，1979），使用 1955~1970 年 118 个国家间的贸易数据建立了国家间的贸易网络。该文献发现，该网络存在"核心—半边缘—边缘"结构，全球贸易网络结构及一国在网络中的地位对其经济增长有显著影响。史密

第一章 引 言

斯（Smith，1992）通过研究 1965 年、1970 年和 1980 年多个时间点的全球贸易网络发现，高技术制造业出口主要在网络的核心区域内流动，并从核心区域流向下游国家（地区）。

很多文献以随机网络、小世界和无标度网络特征为视角，研究贸易网络的整体属性。沃茨（Watts，1998）发表在《自然》（Nature）杂志的一篇论文将介于随机网络和规则网络之间的网络模型定义为"小世界"网络，该网络在规模很大的条件下也具有高集聚系数和较小平均路径长度。巴巴斯（Barabási，1999）发表在《科学》（Science）杂志的一篇论文提出了无标度网络，发现这种无尺度的随机网络模型节点间的关联遵循幂律分布——少量节点间有较密集的关联。该属性的适用范围非常广，现实中的万维网就表现出这种属性。

小世界网络理论、无标度网络理论的提出，丰富了网络分析方法，为其在国际贸易中的应用提供了依据。塞拉诺（Serrano，2003）建立了世界各国的无权重贸易网，通过对该网络的研究发现，该网络具有以下属性：小世界特征、无标度分布、高集聚系数。李（Li，2003）构建了 23 个发达国家 1975~2000 年的动态加权贸易网，发现其中 18 个发达国家的经济周期确实与美国具有同步性，证实其具有无标度的特性。施韦策（Schweitzer，2009）研究发现，当欧洲企业间的外国直接投资（FDI）呈现为有向网时，就会遵循无标度网络的幂律分布。这取决于企业的雇员人数以及企业间的进出投资量。

许多文献通过构建相关指标，对网络联系、网络强度进行衡量。韦尔曼（Wellman，1990）采用关系支持网络强度衡量了网络联系、网络强度，贝纳西（Benassi，1999）使用节点的联系频率衡量网络联系、网络强度。此外，很多文献关注网络的拓扑结构，研究其结构的影响因素和演变规律。加拉斯凯利（Garlaschelli，2005）将归一化处理的国内生产总值（GDP）作为适应度值，构建有向世界贸易网，发现网络拓扑结构会受到适应度值（GDP）的影响，适应度值高的国家与贸易伙伴的关联度低。法焦洛（Fagiolo，2010）选用出口贸易规模、出口与GDP的比重等为权重，构建全球贸易网络，发现其不协调的拓扑性：大多数国家之间贸易关联非常弱，高收入国家之间往往会有越来越紧密的贸易关联。法焦洛（Fagiolo，2013）研究了世界移民网络的拓扑结构与全球贸易网络的拓扑结构，发现两者具有非常强的相关性。国民经济、人口规模以及地理距离是主要驱动因素；国家间共同的移民通道越多，双边贸易规模越大。哈拉奇（Kharrazi，2017）使用联合国商品贸易统计（UN comtrade）数据库构建了全球商品贸易网，发现贸易网效率与商品贸易增长呈现正向关系，但效率过高在遭受经济冲击后的贸易增长弹性变小。贸易网络存在一定的冗余，但不影响其增长，在遭受经济冲击后，冗余程度越高，贸易规模增长更快。布朗（Brown，2020）研究了2004~2012年加拿大企业所有权网络拓扑结构，发现该网络与贸易流有一定联系，其中，边界效应减少了省际贸易，而贸易成本在一定程度上制约了该联系。

（2）国内研究现状

一些文献将社会网络分析方法应用到国际贸易研究中，研究视角主要包括从全球层面研究和从区域层面研究。

在全球层面，文献主要研究全球贸易网络的拓扑结构及动态演化规律。段文奇（2008）研究了1950~2000年的全球贸易网络拓扑性及其动态变化，发现全球贸易网络的互惠性不断增强，并且，不具备无标度网络特征，其网络的结构向随机网络方向发展。陈银飞（2011）构建了2000~2009年无向加权贸易网络，发现国家贸易越来越分散，贸易大国倾向于与少数贸易关联多、贸易强度高的国家互动；中国等金砖国家的核心度呈上升趋势，美国的核心度明显下降。罗仕龙（2016）研究了2000~2010年全球贸易网络国家核心性的演变趋势，表明随着世界贸易水平的提高，传统大国在网络中的核心性有下降趋势，节点（国家）间相对变化较为稳定。段文奇（2008）基于1950～2000年贸易网络拓扑性及动态变化的经济事实，研究全球贸易网络互惠性、网络特征及网络结构。陈银飞（2011）通过构建2000～2009年无向加权贸易网络，从贸易集聚性、贸易关联和贸易强度方面对全球贸易格局进行了考察。

在区域层面，文献主要研究"一带一路"国家之间的贸易网络。马远（2016，2017）构建了"一带一路"沿线国家石油和天然气贸易网络，发现少数国家在网络中拥有大量的贸易关联，且对资源出口有比较强的控制力；中国处于该贸易网络的核心位置。郑军（2017）在贸易网络中引入了贸易依存度概念并设定了阈值，发现"一带一路"国家间的贸易依存度加大，2000～2014年，中国的网络中心性迅速上升而日本逐步下降，呈现交叉剪刀型。李敬（2017）利用贸易竞争指数、贸易互补指数构建了"一带一路"国家竞争互补关系网，发现该网络中贸易互补指数大于贸易竞争指数；中国与"一带一路"沿线国家形成了贸易互补，贸易竞争不激烈。姚星（2018）研究了"一带一路"国家间服务中间投入网络，表明该网络在1992～2002年稳步发展，2003年以后"爆发式"快速发展；其影响路径有国家的经济发展水平、语言、人口规模以及国家间地理距离。此外，还有一些学者从部门层面对具体产业的全球贸易网络进行研究。

2. 社会网络分析在全球价值链研究中的应用

在国内研究中，新贸易核算框架提出以来，一些学者将其与社会网络分析方法结合起来，基于增加值视角，对全球价值链的网络特征进行研究。廖泽芳等（2015）采用社会网络方法，对中国全球价值链分工地位及贸易失衡进行考察。研究发现，中国与贸易伙伴之间的双边贸易差额与制造业、服务业相对出口比较优势呈正相关，而与金融中介相对进口比较优势呈负相关。王彦芳和陈淑梅（2017）基于新贸易核算框架，对各国不同贸易结构的网络中心性进行测算和分析。杜运苏和彭冬冬（2018）通过测算各国网络结构特征和节点中心地位，研究制造业服务化对全球增加值贸易网络地位的影响。孙天阳（2018）从贸易强度、互惠性、同配性、社团分析视角分析全球价值链的网络特征，并采用二次分配问题（quadratic assignment problem，QAP）相关分析方法考察制造业全球价值链网络的影响因素。辛娜（2019）以高端制造业为研究对象，测算了各国整体网络特征、节点中心性和个体中心网络异质性，研究全球价值链嵌入度对网络中心地位的影响。邓光耀（2019）以所有行业为研究对象，对各国出口网络密度、中心性及核心—边缘状况进行了分析。

此外，有文献从部门层面研究产业部门的全球贸易网络。孙天阳（2018）结合王等（Wang et al.，2013）的双边出口分解框架构建了全球制造业贸易网络，发现2000~2015年，网络的互惠性不断上升，整体上划分为亚太社团和欧洲社团。许和连（2018）构建了离岸服务外包网络，表明承接国在该网络的结构特征能够提高其在全球服务业的网络地位，主要通过提高全要素生产率和技术溢出效应等中介路径来实现。姚星（2019）构建了国际服务贸易网络，发现中国在网络中具有重要地位，同时发挥着中介作用，但是，与德国和美国相比还存在一定差距。袁红林（2019）构建了中国与25个发达国家的高端制造业贸易网络，研究发现，美国和德国对网络资源的控制能力较强，中国贸易规模较大，工业增加值规模以及地理位置邻近性对其网络地位有显著的影响。

四、研发创新与技术优势的相关研究

1. 研发投入

在制造企业技术创新过程中，资金资源、人力资源是其最为主要和直接的研发投入要素。其中,关于研发资金投入的研究成果相对较多,主要集中于资金投入水平、资金投入效应和资金投入影响因素等方面。在研发资金投入水平方面,安志等(2019)研究表明,政府可以通过对研发资金投入水平的调控,对企业研发资金投入进行引导。在资金投入效应方面,刘诚达(2019)研究表明,双门槛效应存在于资金投入对绩效的影响之中。在资金投入影响因素方面,吴凡等(2019)研究表明,企业的现金持有量对其研发资金投入具有显著影响;文武等(2018)的研究则显示,金融效率和经济周期对研发资金投入强度具有较大影响。在研发人力资源投入方面,魏浩等(2018)指出,全球范围内的人才流入有助于增加中国的研发人才投入。

2. 研发产出

研发产出的主要影响因素其产出绩效,是该领域的重点研究内容。在研发产出影响因素的相关成果中,塔米等(Tami et al., 2019)指出,研发资本化有利于研发产出绩效的提升;陈衍泰(2018)指出,制度距离和经济距离等因素对海外研发产出具有倒"U"形影响;彭中文等(2015)通过实证研究揭示了政治关联和公司治理对中国高端装备制造业的研发产出具有影响。在研发产出绩效方面,肖延高等(2019)指出,研发能够显著提升企业绩效;白旭云等(2019)研究表明,企业研发绩效与研究质量会受到政府研发补贴的挤出效应。

3. 研发优势与技术优势

在研发优势与技术优势评价方法方面,数据包络分析(data envelopment analysis,DEA)和随机前沿方法(stochastic frontier approach,SFA)是应用范围最为广泛、应用效果最好的效率评价方法。如哈姆丹等(Hamdan et al.,2016)以随机前沿方法为基础,设计了订单生产(build-to-order,BTO)方法进行效率分析,进一步验证了SFA方法的有效性。席尔瓦等(Silva et al.,2017)验证了随机前沿方法和数据包络分析方法在效率评价中的效用，证明了两种方法的等效性。具体到DEA方法的应用，贝尔金（Belgin，2019）采用DEA方法，对土耳其的区域研发效率进行了定量测度；朴正浩等（Park et al.，2018）将DEA方法运用于研发项目的效率评价之中，其研究表明与企业研发项目的效率相比，政府资助科研机构的研发效率更高。而在SFA方法的运用方面，法勒等（Fall et al.，2018）采用SFA方法测度了信贷机构的效率；阿夫扎（Afza，2017）则运用SFA方法测度了巴基斯坦商业银行的运行效率。

国内外相关学者对装备制造业的技术优势进行了大量实证研究，綦良群等（2017）研究了全球价值链下中国装备制造业的技术优势，浦徐进等（2017）研究了供应商过度自信和公平关切等因素对装备制造业技术优势的影响。

五、研究述评

近年来，国内外学者对全球价值链嵌入及竞争优势方面的相关研究取得了一定进展。其中，关于全球价值链的研究显著增多，并取得了较为丰富的实证研究成果。然而，相关研究在以下三方面还存在不足和发展空间。

1. 竞争优势理论对当前经济事实解释不足

现有竞争优势理论的主体和基础，仍然是内生优势理论。然而，随着国内外经济形势不断变化，外部环境对企业或产业竞争的影响越来越大。近年来，虽然有学者基于增加值视角对全球价值链背景下的企业竞争优势展开讨论，但其实质仍然是基于企业内部视角的研究。并且，对于外部冲击条件下产业竞争优势变化的影响机制也缺乏足够深入的考察。

2. 全球价值链的研究视角有待拓展

近年来，随着世界投入产出数据的日趋完善，国际学术界对新贸易核算框架不断进行扩充，经验研究成果日趋丰富，大部分研究主要是基于该核算框架，通过构建全球价值链相关指数，对一国或行业在全球价值链上的贸易收益、分工位置、参与度等进行测算。与此同时，一些学者开始尝试将社会网络分析方法应用于全球价值链研究中。然而，相关成果数量及研究视角仍然有限，有待进一步深入。

3. 关于技术优势的研究还比较少

当前，已有成果在产业技术优势或企业技术优势的研究范式、研究方法、模型构建、评价指标体系等方面，取得了一些具有参考价值与借鉴价值的研究成果。然而，该领域的研究尚存在一些有待完善之处：一是缺乏基于全球价值链视角对产业技术优势的系统研究，从而无法在经济全球化和经济一体化的时代背景下有效指导产业研发实践；二是在中国经济由追求高速发展转变为追求高质量发展的现状下，没有充分考虑通过研发实现产业全球价值链攀升的时代诉求。

第三节 研究内容与研究方法

一、研究内容

本书首先，基于中外文献的相关研究成果，采用新贸易核算框架，对全球制造业及主要国家制造业的真实贸易规模进行测算，并据此衡量各国全球价值链嵌入的市场优势。其次，结合社会网络分析方法，对全球制造业及各主要国家制造业的网络整体结构和网络个体特征进行测算，考察各国的网络优势。然后，对全球及主要国家全球价值链嵌入位置进行测算，构建理论框架，并提出相关假设，检验一国网络优势对其制造业全球价值链嵌入位置的影响。再次，以中国高端装备制造业作为典型行业，从嵌入位势和嵌入强度两个维度对全球价值链要素进行解构，构建技术竞争优势评价体系，考察高端装备制造业技术竞争优势的影响因素。最后，提出全球价值链嵌入过程中提升中国制造业竞争优势，促进产业转型升级的政策建议。六部分具体内容如下。

第一章，对关于竞争优势、全球价值链嵌入、社会网络分析方法在国际贸易全球价值链领域应用的相关中外文文献进行梳理与分析，为后文新贸易核算框架的提出、全球价值链嵌入指标的构建和测算提供依据。

第二章，根据传统贸易核算框架，将测算得出全球制造业及主要国家制造业的传统市场优势。介绍新贸易核算框架，并采用该框架对全球制造业及主要国家制造业总出口进行分解，得出真实贸易规模及真实市场优势，测算得出的结果与采用传统贸易核算框架的测算结果进行对比。在此基础上，根据不同技术及不同产品，将制造业进行进一步划分，测算其真实贸易规模及市场优势。

第三章，结合社会分析方法，对制造业全球网络的整体特征进行描述，并刻画主要国家包括网络中心度、网络强度、网络自由度等在内的网络个体特征，作为衡量其网络优势的现实依据。同样，根据不同技术及不同产品，将制造业进行划分，测算其网络特征及网络优势。

第四章，根据全球价值链嵌入位置指标，测算全球及主要国家制造业全球价值链嵌入位置。构建网络特征对全球价值链嵌入位置的作用机制，考察一国网络优势对其全球价值链嵌入位置的影响。并基于不同技术、不同产品用途、不同国家经济发展水平，进一步考察制造业异质性网络优势对制造业全球价值链嵌入位置的影响。

第五章，将全球价值链要素引入制造业技术优势评价体系之中，从嵌入强度和价值位势两个维度对全球价值链嵌入因素进行解构，并将其引入制造业技术优势评价体系之中，形成了由研发资源投入因素、成果产出因素和影响因素构成的制造业技术三阶段优势评价指标体系，进而构建制造业技术三阶段优势评价模型。在此基础上，以中国高端装备制造业作为典型行业，考察高端装备制造业全球价值链嵌入对技术竞争优势的影响。

第六章，针对前面的实证研究结果，从国家层面、技术层面对提升中国制造业竞争优势、推动其制造业全球价值链升级提出相应的政策建议。

二、研究方法

1. 非竞争型投入产出法

根据 WIOD 的多国多部门投入产出表，将一国各部门使用的中间投入品区分为国内生产和进口品，并根据价值来源地和最终吸收地对产品包含的增加值进行分解和测算，得出各国真实进出口贸易值。

2. 社会网络分析法

采用社会网络分析法，构建刻画制造业全球价值链嵌入的网络整体特征指标、网络个体特征指标，并以此为基础，对全球及主要国家的网络特征及优势进行描述和刻画。

3. 三阶段优势评价法

基于柯布－道格拉斯生产函数，结合创新三阶段的产出特征，分别采用滞后 0 期、1 期和 2 期的处理方法，构建创新直接产出效率、经济转化效率和全球价值链攀升效率的三阶段技术优势评价模型，进而对制造业技术优势进行科学评价。

4. 计量经济检验法

基于相关理论框架，构建网络特征优势对全球价值链嵌入位置影响的计量经济模型。利用 2000～2014 年世界投入产出表的增加值数据，对全球制造业网络优势对于全球价值链嵌入位置的影响进行实证检验。

第二章　制造业全球价值链嵌入的市场优势

第一节　传统贸易核算框架下制造业市场优势

一、传统贸易核算框架下制造业贸易规模

1. 总出口

根据传统海关数据统计，2000~2014年，制造业全球总出口由46 676亿美元增长到126 473亿美元，增长了约1.7倍，见表2-1。

表2-1　　　2000~2014年主要国家制造业总出口规模　　　单位：亿美元

年份	中国	德国	法国	英国	意大利	日本	韩国	美国	全球
2000	1 992	4 669	2 542	2 320	2 064	4 119	1 685	5 828	46 676
2001	2 105	4 808	2 528	2 243	2 119	3 519	1 522	5 362	45 231
2002	2 593	5 143	2 635	2 265	2 205	3 642	1 624	5 056	47 313
2003	3 662	6 311	3 070	2 532	2 600	4 039	1 913	5 176	54 832
2004	5 179	7 594	3 598	2 915	3 085	4 818	2 503	5 736	66 250
2005	6 714	8 184	3 810	3 060	3 269	5 175	2 706	6 344	73 668
2006	8 626	9 344	4 178	3 334	3 678	5 535	3 012	7 264	84 420
2007	10 877	11 531	4 723	3 717	4 432	6 066	3 404	8 047	98 012
2008	12 589	12 560	5 231	3 908	4 798	6 514	4 203	8 703	108 442
2009	10 360	9 460	3 916	2 702	3 570	4 818	3 733	7 133	85 247
2010	13 759	10 846	4 072	2 825	4 017	6 402	4 608	8 360	102 521
2011	16 390	12 849	4 619	3 372	4 662	6 884	5 902	9 579	121 273
2012	17 277	12 182	4 373	3 259	4 436	6 598	5 964	10 029	120 402

续表

年份	中国	德国	法国	英国	意大利	日本	韩国	美国	全球
2013	18 761	12 764	4 530	2 975	4 597	6 363	6 084	10 215	124 003
2014	19 946	13 120	4 551	3 066	4 731	6 676	5 986	10 480	126 473

资料来源：笔者根据世界投入产出数据库（WIOD）数据计算整理而得。

通过对比2000年和2014年各主要国家在全球总出口中的占比可以看出如下变化及趋势，见表2-2。

表2-2　　　2000年、2014年主要国家制造业总出口在42个国家中排名、占比及变化

国家	2000年 在42个国家中排名	2000年 占比（%）	2014年 在42个国家中排名	2014年 占比（%）	变化（增长）总出口（倍）	变化（增长）在42个国家中排名	变化（增长）占比（%）
美国	1	12.5	3	8.3	0.8	-2	-4.2
德国	2	10	2	10.4	1.8	0	0.4
日本	3	8.8	4	5.3	0.6	-1	-3.5
法国	4	5.4	7	3.6	0.8	-3	-1.8
英国	5	5	8	2.4	0.3	-3	-2.6
意大利	6	4.4	6	3.7	1.3	0	-0.7
中国	8	4.3	1	15.8	9.0	7	11.5
韩国	9	3.6	5	4.7	2.6	4	1.1

注：本表中所列国家是依照2014年制造业总出口（真实出口）规模在42个国家中排名最前的8个国家——中国、德国、法国、英国、意大利、日本、韩国、美国，顺序是按WIOD中各国英文首字母进行排列。

资料来源：笔者根据WIOD计算整理而得。

2000年，美国为制造业全球总出口最大的国家，总出口规模为5 828亿美元，全球占比约为12.5%；之后为德国和日本，全球占比分别为10%和8.8%；中国居全球第8位，总出口规模为1 992亿美元，全球占比为4.3%，约为美国出口规模的1/3。出口规模最大的8个国家制造业总出口，在全球总出口占比为54.8%。

2014年，中国成为制造业全球总出口规模最大的国家，总出口规模为19 946亿美元，比2000年增长约9倍，是制造业总出口增长速度最快的国家，全球占比为15.8%，增长11.5%；之后为德国和美国，

分别增长 1.8 倍和 0.8 倍，全球占比分别为 10.4% 和 8.3%，德国增长 0.4%，美国则下降 4.2%。在主要发达国家中，除了德国制造业总出口的全球占比有所增长以外，其他国家全球占比均有所下降，其中，美国、日本占比下降幅度最大。出口规模最大的 8 个国家制造业总出口，在全球总出口中占比为 54.2%。

2. 总进口

根据全球统计口径，全球制造业总进口规模等于全球制造业总出口规模。然而，各国制造业总进口规模与其总出口规模并不相等，见表 2-3。通过对比 2000 年和 2014 年各主要国家制造业在全球总进口占比，可以看出其变化，见表 2-4。

表 2-3　　　2000~2014 年主要国家制造业总进口规模　　　单位：亿美元

年份	中国	德国	法国	英国	意大利	日本	韩国	美国	全球
2000	1 793	3 683	2 554	2 499	1 627	2 544	1 118	9 545	46 676
2001	1 955	3 619	2 502	2 502	1 634	2 308	1 006	8 966	45 231
2002	2 364	3 563	2 597	2 598	1 732	2 225	1 097	9 186	47 313
2003	3 268	4 365	3 058	2 895	2 068	2 520	1 279	9 770	54 832
2004	4 314	5 170	3 654	3 425	2 453	2 979	1 593	11 190	66 250
2005	4 916	5 565	3 947	3 600	2 572	3 295	1 714	12 398	73 668
2006	5 825	6 472	4 325	3 953	2 977	3 533	1 959	13 656	84 420
2007	6 764	7 822	5 065	4 611	3 443	3 744	2 250	14 179	98 012
2008	7 436	8 530	5 529	4 600	3 632	4 178	2 703	14 371	108 442
2009	6 826	6 516	4 282	3 558	2 678	3 245	2 198	10 937	85 247
2010	9 335	7 316	4 467	4 131	3 264	4 037	2 823	13 311	102 521
2011	11 274	8 703	5 259	4 630	3 687	4 901	3 692	15 086	121 273
2012	11 390	7 730	4 863	4 659	3 130	4 984	3 609	15 670	120 402
2013	12 136	8 581	5 017	4 607	3 253	4 941	3 534	15 880	124 003
2014	11 829	8 542	5 035	4 906	3 322	5 239	3 553	16 722	126 473

资料来源：笔者根据世界投入产出数据库（WIOD）数据计算整理而得。

第二章 制造业全球价值链嵌入的市场优势

表 2-4　　2000 年、2014 年主要国家制造业总进口在
42 个国家中排名、占比及变化

国家	2000 年 在 42 个国家中排名	占比（%）	2014 年 在 42 个国家中排名	占比（%）	变化（增长） 总进口（倍）	在 42 个国家中排名	占比（%）
美国	1	20.4	1	13.2	0.8	0	-7.2
德国	2	7.9	3	6.8	1.3	-1	-1.1
法国	3	5.5	4	4.1	1.1	-1	-1.4
日本	4	5.5	5	4.0	1.0	-1	-1.5
英国	5	5.4	6	3.9	1.0	-1	-1.5
中国	7	3.8	2	9.4	5.6	5	5.6
意大利	8	3.5	9	2.6	1.0	-1	-0.9
韩国	12	2.4	8	2.8	2.2	4	0.4

资料来源：世界投入产出数据库 WIOD。

2000 年，美国为制造业全球总进口最多的国家，总进口规模为 9 545 亿美元，全球占比为 20.4%；之后为德国，全球占比为 7.9%；中国居全球第 7 位，总进口规模为 1 793 亿美元，全球占比为 3.8%，为美国总进口规模的 18.8%。进口规模最大的 8 个国家，制造业总进口在全球总进口中占比为 56.2%。

2014 年，美国仍然是制造业全球总进口规模最大的国家，规模为 16 722 亿美元，比 2000 年增长 0.8 倍，全球占比为 13.2%，下降 7.2%；中国总进口规模上升至全球第二位，规模为 11 829 亿美元，增长 5.6 倍，在主要国家中增长速度最快，全球占比为 9.4%，增长 5.6%，排名上升 5 位。此外，所有主要发达国家总进口在全球占比均有所下降，美国下降幅度最大。并且，除了美国、日本以外，其他主要发达国家总进口在 42 个国家中排名均下降。进口规模最大的 8 个国家制造业总进口，在全球总进口占比下降为 47.4%。

3. 贸易差额

2000~2014 年，全球主要国家制造业总贸易差额，见表 2-5。

表 2-5　　2000~2014 年主要国家制造业总贸易差额　　单位：亿美元

年份	中国	德国	法国	英国	意大利	日本	韩国	美国
2000	199	986	-12	-179	437	1 575	567	-3 717
2001	150	1 189	26	-259	485	1 211	516	-3 604
2002	229	1 580	38	-333	473	1 417	527	-4 130
2003	394	1 946	12	-363	532	1 519	634	-4 594
2004	865	2 424	-56	-510	632	1 839	910	-5 454
2005	1 798	2 619	-137	-540	697	1 880	992	-6 054
2006	2 801	2 872	-147	-619	701	2 002	1 053	-6 392
2007	4 113	3 709	-342	-894	989	2 322	1 154	-6 132
2008	5 153	4 030	-298	-692	1 166	2 336	1 500	-5 668
2009	3 534	2 944	-366	-856	892	1 573	1 535	-3 804
2010	4 424	3 530	-395	-1 306	753	2 365	1 785	-4 951
2011	5 116	4 146	-640	-1 258	975	1 983	2 210	-5 507
2012	5 887	4 452	-490	-1 400	1 306	1 614	2 355	-5 641
2013	6 625	4 183	-487	-1 632	1 344	1 422	2 550	-5 665
2014	8 117	4 578	-484	-1 840	1 409	1 437	2 433	-6 242

资料来源：笔者根据世界投入产出数据库（WIOD）数据计算整理而得。

（1）美国。由于制造业总进口规模远远大于其总出口规模，美国一直是全球最大的制造业逆差国，逆差规模从 3 717 亿美元上升到 6 242 亿美元，增长了 0.7 倍，同时，贸易逆差占其总出口比重由 63.8% 下降到 59.6%。

（2）日本。日本制造业一直存在较大规模的贸易顺差。2000 年，日本是全球制造业最大的顺差国，为 1 575 亿美元。同时，日本制造业贸易顺差总体上呈现先增长、后下降的趋势；2014 年，其贸易顺差为 1 437 亿美元，基本维持在 2000 年的顺差水平。制造业贸易顺差占其总出口比重，由 38.2% 下降到 21.5%。

（3）中国。中国制造业一直存在贸易顺差，并且，顺差规模随着总出口规模的迅速扩大而扩大。2000 年，顺差规模为 199 亿美元；2014 年增长到 8 117 亿美元，比 2000 年顺差规模增长了约 40 倍，成为全球制造业最大的贸易顺差国，顺差占总出口比重由 10% 上升到 40.7%。

（4）德国。德国制造业也一直存在巨额贸易顺差，顺差规模从2000年的986亿美元上升到2014年的4 578亿美元，增长了约3.6倍。2000年，德国制造业顺差规模位居全球第二位；2002年，超过日本跃居全球最大的制造业顺差国；2007年，被中国超过；此后，保持全球第二大制造业顺差国地位，顺差占总出口比重由2000年的21.1%上升到2014年的34.9%。

（5）英国。英国制造业一直存在贸易逆差，逆差规模仅小于美国，并呈现快速增长。2000~2014年，英国制造业贸易逆差规模增长了9.3倍，贸易逆差占其总出口比重由7.7%上升到60%。

总的来看，在全球主要国家中，美国、英国、法国总体上处于制造业贸易逆差地位（法国2001~2003年制造业呈现顺差）。2014年，美国、英国制造业逆差规模超过总出口的一半，这也直接导致了这些国家市场优势的明显削弱。

二、传统市场优势

一国传统竞争优势主要通过各国在全球市场所处的优势予以体现[①]，其公式是一国或行业对外贸易差额占贸易总额的比重，其公式可表示为：

$$MAI_n = \frac{EX_n - IM_n}{EX_n + IM_n} = \frac{EX_n - \sum_{m \neq n} EX_m}{EX_n + \sum_{m \neq n} EX_m} \quad (2-1)$$

在式（2-1）中，MAI 为全球市场优势指数，指数取值范围为（-1，1），当指数为正时，表明一国作为净出口国，拥有全球市场优势，指数（绝对值）越大，优势越强；当指数为负时，表示该国作为净进口国，在全球市场处于劣势，指数（绝对值）越大，劣势越

---

① 由于优势与劣势是相对而言，因此，本书中所阐述的竞争优势均指优势或劣势。

明显。

根据式（2-1）测算得出全球主要国家制造业的传统市场优势指数。结果显示，2000~2014年，各国 MAI 指数存在明显差异，见表2-6。其中，除英国、美国两国 MAI 指数一直为负外，其他国家 MAI 指数基本为正（法国 MAI 指数由零左右降为负）。表明大部分主要国家制造业在全球市场上处于优势地位，其他国家则处于劣势地位。从各国传统市场优势的具体表现来看：

表2-6　　　2000~2014年主要国家制造业传统市场优势

年份	中国	德国	法国	英国	意大利	日本	韩国	美国
2000	0.05	0.12	0.00	-0.04	0.12	0.24	0.20	-0.24
2001	0.04	0.14	0.01	-0.05	0.13	0.21	0.20	-0.25
2002	0.05	0.18	0.01	-0.07	0.12	0.24	0.19	-0.29
2003	0.06	0.18	0.00	-0.07	0.11	0.23	0.20	-0.31
2004	0.09	0.19	-0.01	-0.08	0.11	0.24	0.22	-0.32
2005	0.15	0.19	-0.02	-0.08	0.12	0.22	0.22	-0.32
2006	0.19	0.18	-0.02	-0.08	0.11	0.22	0.21	-0.31
2007	0.23	0.19	-0.03	-0.11	0.13	0.24	0.20	-0.28
2008	0.26	0.19	-0.03	-0.08	0.14	0.22	0.22	-0.25
2009	0.21	0.18	-0.04	-0.14	0.14	0.20	0.26	-0.21
2010	0.19	0.19	-0.05	-0.19	0.10	0.23	0.24	-0.23
2011	0.18	0.19	-0.06	-0.16	0.12	0.17	0.23	-0.22
2012	0.21	0.22	-0.05	-0.18	0.17	0.14	0.25	-0.22
2013	0.21	0.20	-0.05	-0.22	0.17	0.13	0.27	-0.22
2014	0.26	0.21	-0.05	-0.23	0.18	0.12	0.26	-0.23

资料来源：笔者根据 WIOD 数据计算整理而得。

（1）日本。MAI 指数从 0.24 下降到 0.12。2000 年，MAI 指数在全球主要国家中排名第一，并且，2010 年前变化较为稳定；2010 年之后，MAI 指数以较快速度下降。2014 年，排名下降到第5位，已经低于中国、韩国、德国和意大利。

（2）中国。MAI 指数从 0.05 上升到 0.26。2000 年，MAI 指数在全

球主要国家中排名第5，明显低于日本、韩国、德国和意大利，此后，MAI指数呈现较快速度增长。2014年，MAI指数排名上升为第一位。

（3）美国。MAI指数一直为负，在[-0.35,-0.20]区间波动。并且，美国一直是各主要国家中MAI指数最低的国家（2013年、2014年与英国水平相当），显示出与其他主要国家相比，美国制造业在全球市场上处于劣势地位。

（4）韩国。MAI指数从0.20逐渐上升到0.26，在主要国家制造业中始终位居前列。2000年，仅低于日本，在全球主要国家制造业中居于第二位；2009~2013年，韩国MAI指数跃居第一；2014年，稍低于中国，排名第二位。

总的来看，大部分国家制造业市场优势地位变化不大。中国制造业的传统市场优势提升最为显著；日本市场优势则明显下降；英国和美国一直处于市场劣势，并且，英国市场劣势逐渐加强，美国市场劣势则有所削弱。

第二节 制造业全球价值链嵌入的总体市场优势

一、新贸易核算框架

新贸易核算理论是对增加值贸易理论进行算法的优化和延展，是适应全球化时代的国际贸易形势产生的。当前，由于绝大多数产品生产均需要经过众多环节，并且在各国之间完成，形成一个复杂的生产链条，而随着贸易次数的增多以及贸易方式的复杂化，在最终产品被消费和贸易之前，出现其以中间产品和半成品形式多次进出各国关境的现象。而传统的国际贸易统计方法是基于"出口产品的价值都是由出口国创造"的定义，因而，在全球价值链背景下，传统的海关统计方法已经无法准确地反映各国在国际分工中创造的真实价值和贸易收益，导致各国进口

（出口）贸易额及贸易利得被不同程度的高估。因此，国内外学者通过改变传统贸易的统计方法（即统计各经济体的进出口账面数据），而转以产品在各国全球价值链上创造的增加值为基础进行贸易统计，由此便产生了基于增加值视角的新贸易核算框架。

现有测量贸易增加值的方法主要基于里昂惕夫方程，通过矩阵表示各个国家和各个产业部门的投入产出关系，包括中间产品和最终产品的数量和种类，由此，对生产过程中各个阶段的价值增加进行追溯。然而，里昂惕夫法只适用于计算隐含在一国总出口中的国内增加值，当中间产品贸易占全球贸易的份额越来越大时，该方法不再适用。因此，库普曼等（Koopman et al.，2010，2012）和王等（Wang et al.，2013）提出，将各层面的中间产品贸易流，根据价值来源地和被最终吸收的目的地进行分解，形成被不同国家的不同部门最终产品生产所吸收的各部分。该框架的关键在于，要将总产出及总出口转化为总贸易核算法中的最终需求，从而对中间产品贸易流实现彻底分解。

根据库普曼等（Koopman et al.，2010，2012）和王等（Wang et al.，2013）的多国（G国N部门）投入产出模型（见表2-7），Z^{sr}、Y^{sr}分别代表 r 国所使用的 s 国生产的中间投入品价值和最终使用品价值，VA^s、X^s分别代表 s 国生产的增加值和总产出（总投入）。

表2-7　　　　　　多国（G国N部门）投入产出模型

投入		产出							总产出
		中间使用				最终使用			
		S国	R国	…	T国	S国	R国	…	
中间投入	S国		Z^{sr}	…	Z^{st}	Y^{ss}	Y^{sr}	…	Y^{st}	X^s
	R国	Z^{rs}	Z^{rr}	…	Z^{rt}	Y^{rs}	Y^{rr}	…	Y^{rt}	X^r
	…	…	…	…	…	…	…	…	…	…
	G国	Z^{ts}	$Z^{ss} Z^{tr}$	…	Z^{tt}	Y^{ts}	Y^{tr}	…	Y^{tt}	X^t
增加值		VA^s	VA^r		VA^t					—
总投入		$(X^s)'$	$(X^r)'$	…	$(X^t)'$					—

根据投入产出公式"中间使用+最终使用=总产出",G国N部门投入产出表模型的平衡方程式可表示为:

$$\begin{bmatrix} Z^{ss}+Z^{sr}+\cdots+Z^{st} \\ Z^{rs}+Z^{rr}+\cdots+Z^{rt} \\ \vdots \\ Z^{ts}+Z^{tr}+\cdots+Z^{tt} \end{bmatrix} + \begin{bmatrix} Y^{ss}+Y^{sr}+\cdots+Y^{st} \\ Y^{rs}+Y^{rr}+\cdots+Y^{rt} \\ \vdots \\ Y^{ts}+Y^{tr}+\cdots+Y^{tt} \end{bmatrix} = \begin{bmatrix} X^s \\ X^r \\ \vdots \\ X^t \end{bmatrix} \quad (2-2)$$

由于有 $Z=A \cdot X$,A 为直接消耗系数矩阵,其元素为 $a_{ij}=\dfrac{z_{ij}}{x_j}$,将 $A \cdot X$ 代入式(2-2)中,有:

$$\begin{bmatrix} A^{ss} & A^{sr} & \cdots & A^{st} \\ A^{rs} & A^{rr} & \cdots & A^{rt} \\ \vdots & \vdots & \ddots & \vdots \\ A^{ts} & A^{tr} & \cdots & A^{tt} \end{bmatrix} \begin{bmatrix} X^s \\ X^r \\ \vdots \\ X^t \end{bmatrix} + \begin{bmatrix} Y^{ss}+Y^{sr}+Y^{st} \\ Y^{rs}+Y^{rr}+Y^{rt} \\ \vdots \\ Y^{st}+Y^{tr}+Y^{tt} \end{bmatrix} = \begin{bmatrix} X^s \\ X^r \\ \vdots \\ X^t \end{bmatrix} \quad (2-3)$$

令 $B=(I-A)^{-1}$,B 为里昂惕夫逆矩阵。式(2-3)可进一步表示为:

$$\begin{bmatrix} X^{11} & X^{12} & \cdots & X^{1G} \\ X^{21} & X^{22} & \cdots & X^{2G} \\ \vdots & \vdots & \ddots & \vdots \\ X^{G1} & X^{G2} & \cdots & X^{GG} \end{bmatrix} = \begin{bmatrix} B^{11} & B^{12} & \cdots & B^{1G} \\ B^{21} & B^{22} & \cdots & B^{2G} \\ \vdots & \vdots & \ddots & \vdots \\ B^{G1} & B^{G2} & \cdots & B^{GG} \end{bmatrix} \begin{bmatrix} Y^{11} & Y^{12} & \cdots & Y^{1G} \\ Y^{21} & Y^{22} & \cdots & Y^{2G} \\ \vdots & \vdots & \ddots & \vdots \\ Y^{G1} & Y^{G2} & \cdots & Y^{GG} \end{bmatrix}$$

$$(2-4)$$

令 $V=VA/X$,V 表示直接增加值系数矩阵,$V \cdot B$ 可表示为:

$$VB = \begin{bmatrix} V^1 & 0 & \cdots & 0 \\ 0 & V^2 & \cdots & 0 \\ \vdots & \vdots & \ddots & \vdots \\ 0 & 0 & \cdots & V^G \end{bmatrix} \begin{bmatrix} B^{11} & B^{12} & \cdots & B^{1G} \\ B^{21} & B^{22} & \cdots & B^{2G} \\ \vdots & \vdots & \ddots & B^{2G} \\ B^{G1} & B^{G2} & \cdots & B^{GG} \end{bmatrix}$$

$$= \begin{bmatrix} V^1B^{11} & V^1B^{12} & \cdots & V^1B^{1G} \\ V^2B^{21} & V^2B^{22} & \cdots & V^2B^{2G} \\ \vdots & \vdots & \ddots & \vdots \\ V^GB^{G1} & V^GB^{G1} & \cdots & V^GB^{GG} \end{bmatrix} \quad (2-5)$$

一国来源于其他国家增加值的总和为单位向量，即有 $\sum_{t}^{G} V^tB^{ts} = u$。令 E^{sr} 代表 s 国对 r 国的总出口，由于一国总出口包含中间产品出口 A^{sr}、X^r 和最终产品出口 Y^{sr} 两部分，即有 $E^{sr} = A^{sr}X^r + Y^{sr}$，$r$ 国总产出 X^r 可以分解为：

$$X^r = \sum_{t}^{G} X^{rt} = \sum_{t}^{G} \sum_{u}^{G} B^{rt}Y^{tu} = B^{rr}Y^{rr} + B^{rr} \sum_{t \ne s,r}^{G} Y^{rt} + B^{rr}Y^{rs}$$
$$+ \sum_{t \ne s,r}^{G} B^{rt}Y^{tt} + \sum_{t \ne s,r}^{G} \sum_{u \ne s,t}^{G} B^{rt}Y^{tu} + \sum_{t \ne s,r}^{G} B^{rs}Y^{ts} + B^{rs}Y^{ss} + \sum_{t \ne s}^{G} B^{rs}Y^{st} \quad (2-6)$$

将式（2-6）代入 $A^{sr}X^r$ 中，则有：

$$A^{sr}X^r = A^{sr}B^{rr}Y^{rr} + A^{sr} \sum_{t \ne s,r}^{G} B^{rt}Y^{tt} + A^{sr}B^{rr} \sum_{t \ne s,r}^{G} Y^{rt} + A^{sr} \sum_{t \ne s,r}^{G} B^{rt} \sum_{u \ne s,t}^{G} Y^{tu}$$
$$+ A^{sr}B^{rr}Y^{rs} + A^{sr} \sum_{t \ne s,r}^{G} B^{rt}Y^{ts} + A^{sr}B^{rs}Y^{ss} + A^{sr} \sum_{t \ne s}^{G} B^{rs}Y^{st}$$
$$= A^{sr}L^{rr}Y^{rr} + A^{sr}L^{rr}E^{r*} \quad (2-7)$$

在式（2-7）中，L^{rr} 是国内里昂惕夫逆矩阵。$A^{sr}X^r$ 可进一步表示为：

$$A^{sr}X^r = (V^sL^{ss})^T \times (A^{sr}X^r) + (V^sB^{ss} - V^sL^{ss})^T \times (A^{sr}X^r)$$
$$+ (V^tB^{rs})^T \times (A^{sr}X^r) + (\sum_{t \ne s,r}^{G} V^tB^{ts})^T \times (A^{sr}X^r) \quad (2-8)$$

令 E^{r*} 表示 r 国总出口，将式（2-6）~式（2-8）结合起来，代入里昂惕夫逆矩阵，$A^{sr}X^r$ 可分解为：

$$A^{sr}X^r = (V^sL^{ss})^T \times (A^{sr}B^{rr}Y^{rr}) + (V^sL^{ss})^T \times (A^{sr} \sum_{t \ne s,r}^{G} B^{rt}Y^{tt}) + (V^sL^{ss})^T$$
$$\times (A^{sr}B^{rr} \sum_{t \ne s,r}^{G} Y^{rt}) + (V^sL^{ss})^T \times (A^{sr} \sum_{t \ne s,r}^{G} B^{rt}Y^{ts}) + (V^sL^{ss})^T$$

$$\times (A^{sr}B^{rs}Y^{ss}) + (V^sL^{rs})^T \times (A^{sr}\sum_{t\neq s}^{G}B^{rs}Y^{st}) + (V^sB^{ss} - V^sL^{ss})^T$$

$$\times (A^{sr}X^r) + (V^rB^{rs})^T \times (A^{sr}L^{rr}Y^{rr}) + (V^rB^{rs})^T \times (A^{sr}L^{rr}E^{r*})$$

$$+ (\sum_{t\neq s,r}^{G}V^tB^{ts})^T \times (A^{sr}L^{rr}Y^{rr}) + (\sum_{t\neq s,r}^{G}V^tB^{ts})^T \times (A^{sr}L^{rr}E^{r*})$$

$$(2-9)$$

同理,可以得到 s 国对 r 国的最终产品出口 Y^{sr}:

$$Y^{sr} = (V^sB^{ss})^T \times Y^{sr} + (V^rB^{rs})^T \times Y^{sr} + (\sum_{t\neq s,r}^{G}V^tB^{ts})^T \times Y^{sr}$$

$$(2-10)$$

将式(2-9)和式(2-10)相加,得到 s 国对 r 国总出口 E^{sr}。在此基础上,将 s 国对所有贸易伙伴的总出口相加,得到 s 国总出口 E^{s*}:

$$E^{s*} = (V^sB^{ss})^T \times \sum_{r\neq s}^{G}Y^{sr} + (V^sL^{ss})^T \times (\sum_{r\neq s}^{G}A^{sr}B^{rr}Y^{rr}) + (V^sL^{ss})^T$$

$$\times (\sum_{r\neq s}^{G}A^{sr}\sum_{t\neq s,r}^{G}B^{rt}Y^{tt}) + (V^sL^{ss})^T \times (\sum_{r\neq s}^{G}A^{sr}B^{rr}\sum_{t\neq s,r}^{G}Y^{rt}) + (V^sL^{ss})^T$$

$$\times (\sum_{r\neq s}^{G}A^{sr}\sum_{t\neq s,r}^{G}\sum_{u\neq s,t}^{G}B^{rt}Y^{tu}) + (V^sL^{ss})^T \times (\sum_{r\neq s}^{G}A^{sr}B^{rr}Y^{rs}) + (V^sL^{ss})^T$$

$$\times (\sum_{r\neq s}^{G}A^{sr}\sum_{t\neq s,r}^{G}B^{rt}Y^{ts}) + (V^sL^{ss})^T \times (\sum_{r\neq s}^{G}A^{sr}B^{rs}Y^{ss}) + (\sum_{r\neq s}^{G}V^rB^{rs})^T$$

$$\times Y^{sr} + (\sum_{t\neq s,r}^{G}V^tB^{ts})^T \times Y^{sr} + (\sum_{t\neq s,r}^{G}V^tB^{ts})^T \times (A^{sr}L^{rr}Y^{rr})$$

$$+ (\sum_{r\neq s}^{G}V^rB^{rs})^T \times (A^{sr}L^{rr}E^{r*}) + (V^sL^{ss})^T \times (\sum_{r\neq s}^{G}A^{sr}\sum_{t\neq s}^{G}B^{rs}Y^{st})$$

$$+ (V^sB^{ss} - V^sL^{ss})^T \times (\sum_{r\neq s}^{G}A^{sr}X^r) + (\sum_{r\neq s}^{G}V^rB^{rs})^T \times (A^{sr}L^{rr}Y^{rr})$$

$$+ (\sum_{t\neq s,r}^{G}V^tB^{ts})^T \times (A^{sr}L^{rr}E^{r*}) \quad (2-11)$$

式(2-11)表明,根据产品所含增加值来源及最终吸收地,一国总出口可以具体分解为四部分,见表2-8。

（1）国内增加值，是在出口国国内创造，被进口国直接吸收的价值，该部分价值是一国真实的出口价值。

（2）回流增加值，是在出口国国内创造，在国外进行加工，而后再出口流到本国的价值。

（3）国外增加值，是出口国以中间产品形式进口，在国内加工，而后再出口的部分价值。

（4）重复统计价值，是由于出口产品中包含的中间产品多次跨境，而被各国海关重复统计的部分价值。

第一部分"国内增加值"和第二部分"回流增加值"构成出口国的完全国内增加值。这部分价值是在出口国国内创造，被国外吸收或再次回流国内的价值。

表2-8 新贸易核算框架下一国总出口分解各部分价值的具体说明

价值构成		内容说明
完全国内增加值	国内增加值	被进口国直接吸收的最终产品价值
		被进口国直接吸收的中间产品价值
		中间产品由进口国进口后，经过加工后出口至第三国的价值
	回流增加值	出口后被进口国加工后又回流到本国的价值
国外增加值	来源于进口国的增加值	出口产品中隐含的进口国中间产品价值
	来源于第三国的增加值	出口产品中隐含的第三国中间产品价值
重复统计价值	国内重复统计增加值	来自国内账户的重复统计
	国外重复统计增加值	来自国外账户的重复统计

资料来源：笔者整理绘制而得。

二、新贸易核算框架下制造业真实贸易规模

1. 总体贸易规模

（1）真实出口

根据新贸易核算框架，对全球各国制造业总出口进行分解，得到全球及各主要国家制造业总出口中所包含的国内增加值，即真实出口额

（见表2-9）。

表2-9　　2000~2014年主要国家制造业真实出口规模　　单位：亿美元

年份	中国	德国	法国	英国	意大利	日本	韩国	美国	全球
2000	1 602	3 344	1 754	1 749	1 593	3 616	1 133	4 240	32 794
2001	1 705	3 468	1 760	1 685	1 639	3 073	1 043	3 979	32 041
2002	2 046	3 799	1 861	1 701	1 721	3 174	1 142	3 746	33 576
2003	2 761	4 614	2 176	1 909	2 034	3 505	1 319	3 834	38 664
2004	3 764	5 466	2 480	2 178	2 377	4 117	1 694	4 182	45 825
2005	4 878	5 773	2 564	2 266	2 459	4 327	1 819	4 602	50 430
2006	6 265	6 422	2 767	2 439	2 689	4 498	1 983	5 255	56 767
2007	7 901	7 799	3 126	2 689	3 221	4 832	2 235	5 924	65 650
2008	9 341	8 400	3 416	2 761	3 480	5 014	2 446	6 390	71 752
2009	8 079	6 554	2 643	1 890	2 661	3 934	2 344	5 540	58 748
2010	10 381	7 249	2 609	1 857	2 801	5 106	2 834	6 313	68 226
2011	12 367	8 342	2 862	2 129	3 159	5 302	3 343	7 087	78 788
2012	13 253	7 926	2 717	2 061	3 040	5 088	3 412	7 390	78 679
2013	14 449	8 330	2 850	2 008	3 171	4 734	3 630	7 543	81 489
2014	15 758	8 617	2 865	2 077	3 291	4 833	3 679	7 710	83 787

资料来源：笔者根据WIOD数据计算整理而得。

可以看出，2000~2014年，全球制造业真实出口规模由32 794亿美元增长到83 787亿美元，增长1.6倍。

从2000年和2014年各主要国家制造业总出口在全球总出口占比可以看出变化，见表2-10。

2000年，与根据传统海关统计总出口数据排名结果相同，美国为制造业全球真实出口规模最大的国家，出口规模为4 240亿美元，全球占比为12.9%；之后为德国和日本，全球占比分别为10.2%和11.0%；中国居全球第6位，出口规模为1 602亿美元，全球占比为4.9%，约为美国真实出口规模的38%。真实出口规模最大的8个国家制造业出口，在全球占比为58.5%。

2014年，中国成为制造业全球真实出口规模最大的国家，出口规模为15 758亿美元，比2000年增长8.8倍，全球占比为18.8%，增长

13.9%；之后为德国和美国，分别增长1.6倍和0.8倍，全球占比分别为10.3%和9.2%，德国增长0.1%，美国则下降3.7%。同样，除德国以外，其他主要发达国家制造业真实出口在全球占比均有所下降，日本全球占比下降幅度最大，下降5.2%。真实出口规模最大的8个国家制造业出口，在全球占比为58.3%。

表2-10　2000~2014年主要国家制造业真实出口规模占全球比重　　单位：%

年份	中国	德国	法国	英国	意大利	日本	韩国	美国
2000	4.9	10.2	5.3	5.3	4.9	11.0	3.5	12.9
2001	5.3	10.8	5.5	5.3	5.1	9.6	3.3	12.4
2002	6.1	11.3	5.5	5.1	5.1	9.5	3.4	11.2
2003	7.1	11.9	5.6	4.9	5.3	9.1	3.4	9.9
2004	8.2	11.9	5.4	4.8	5.2	9.0	3.7	9.1
2005	9.7	11.3	5.1	4.5	4.9	8.6	3.6	9.1
2006	11.0	11.3	4.9	4.3	4.7	7.9	3.5	9.3
2007	12.0	11.9	4.8	4.1	4.9	7.4	3.4	9.0
2008	13.0	11.7	4.8	3.8	4.9	7.0	3.4	8.9
2009	13.8	11.2	4.5	3.2	4.5	6.7	4.0	9.4
2010	15.2	10.6	3.8	2.7	4.1	7.5	4.2	9.3
2011	15.7	10.6	3.6	2.7	4.0	6.7	4.2	9.0
2012	16.8	10.1	3.5	2.6	3.9	6.5	4.3	9.4
2013	17.7	10.2	3.5	2.5	3.9	5.8	4.5	9.3
2014	18.8	10.3	3.4	2.5	3.9	5.8	4.4	9.2

资料来源：笔者根据WIOD数据计算整理而得。

通过对比采用新贸易核算框架测算得出的全球制造业真实出口额与传统海关统计的总出口额，可以看出，由于全球制造业总出口额中包含相当比重的进口中间产品，使得各国及全球制造业真实出口规模被严重高估，全球平均被高估幅度由2000年的42.3%上升到2014年的50.9%，这同时也证实了中间产品在全球贸易中的比重不断攀升。

2000~2014年，从国内增加值占总出口比重（国内增加值率）看，全球平均国内增加值率由70.3%下降到66.2%。2000年（见

表2-11),最高的是日本,为87.8%;之后为中国,为80.4%;韩国最低,为67.2%。2014年,中国成为国内增加值最高的国家,为79%;韩国仍为最低,为61.5%。从主要国家国内增加值变化趋势看,美国总体变化比较稳定,中国在2001~2004年以较快速度下降,此后,呈现小幅上升趋势;其他主要发达国家国内增加值率均有所下降,日本下降速度最快。

表2-11 2000~2014年主要国家制造业国内增加值率 单位:%

年份	中国	德国	法国	英国	意大利	日本	韩国	美国	全球
2000	0.80	0.72	0.69	0.75	0.77	0.88	0.67	0.73	0.70
2001	0.81	0.72	0.70	0.75	0.77	0.87	0.69	0.74	0.71
2002	0.79	0.74	0.71	0.75	0.78	0.87	0.70	0.74	0.71
2003	0.75	0.73	0.71	0.75	0.78	0.87	0.68	0.74	0.71
2004	0.73	0.72	0.69	0.75	0.77	0.85	0.68	0.73	0.69
2005	0.73	0.71	0.67	0.75	0.77	0.84	0.67	0.73	0.68
2006	0.73	0.69	0.66	0.73	0.73	0.81	0.66	0.72	0.67
2007	0.73	0.68	0.66	0.72	0.73	0.80	0.66	0.74	0.67
2008	0.74	0.67	0.65	0.71	0.73	0.77	0.58	0.73	0.66
2009	0.78	0.69	0.67	0.70	0.75	0.82	0.63	0.78	0.69
2010	0.75	0.67	0.64	0.66	0.70	0.80	0.61	0.76	0.67
2011	0.75	0.65	0.62	0.63	0.68	0.77	0.57	0.74	0.65
2012	0.77	0.65	0.62	0.63	0.69	0.77	0.57	0.74	0.65
2013	0.77	0.65	0.63	0.68	0.69	0.74	0.60	0.74	0.66
2014	0.79	0.66	0.63	0.68	0.70	0.72	0.61	0.74	0.66

资料来源:笔者根据WIOD数据计算整理而得。

国内增加值率反映出一国制造业真实出口被高估的幅度。因此,可以得出,韩国出口规模被高估程度最为严重(见表2-12),平均被高估57.2%。这表明,在韩国制造业出口中,由于加工贸易特征非常典型,因此,其出口产品中所包含的进口中间产品比重非常大(超过1/3)。被高估幅度最小的国家是日本,平均被高估水平为23.6%,约为韩国的一半。这主要因为日本制造业出口产品本土化生产程度高,所使用的进口中间产品比重小。尽管如此，随着经济全球化的迅速发展，日本制造业出口产品中隐含的进口中间投入比重明显提高。

表2-12　　2000~2014年主要国家制造业真实出口规模被高估幅度　　单位:%

年份	中国	德国	法国	英国	意大利	日本	韩国	美国	全球
2000	24.3	39.6	44.9	32.6	29.6	13.9	48.7	37.5	42.3
2001	23.5	38.6	43.6	33.1	29.3	14.5	45.9	34.8	41.2
2002	26.7	35.4	41.6	33.2	28.1	14.7	42.2	35.0	40.9
2003	32.6	36.8	41.1	32.6	27.8	15.2	45.0	35.0	41.8
2004	37.6	38.9	45.1	33.8	29.8	17.0	47.8	37.2	44.6
2005	37.6	41.8	48.6	35.0	32.9	19.6	48.3	37.9	46.1
2006	37.7	45.5	51.0	36.7	36.8	23.1	51.9	38.2	48.7
2007	37.7	47.9	51.1	38.2	37.5	25.5	52.3	35.8	49.3
2008	34.8	49.8	53.1	41.5	37.9	29.9	71.8	36.2	51.1
2009	28.2	44.3	48.2	43.0	34.2	22.5	59.3	28.8	45.1
2010	32.5	49.6	56.1	52.1	43.4	25.4	62.6	32.4	50.3
2011	32.5	54.0	61.4	58.4	47.6	29.8	76.5	35.2	53.9
2012	30.4	53.7	60.9	58.1	45.9	29.7	74.2	35.7	53.0
2013	29.8	53.2	58.9	48.2	45.0	34.4	67.6	35.4	52.2
2014	26.6	52.3	58.8	47.7	43.8	38.1	62.7	35.9	50.9
平均	31.5	45.4	51.0	41.6	36.6	23.6	57.2	35.4	47.4

资料来源：笔者根据WIOD数据整理计算而得。

此外，由于各国制造业总出口中包含的进口中间产品的比重不同，真实出口被高估的程度不同，根据新贸易核算框架测算得出的各国真实出口在全球占比及在42个国家中排名也与采用传统海关数据得出的结果不同。2000年，中国、日本真实出口在42个国家中排名分别被低估2位和1位，全球占比分别被低估0.6%和2.2%。2014年，中国、美国真实出口的全球占比分别被低估3%和0.9%。

(2) 真实进口

2000~2014年，制造业全球真实进口规模由32 794亿美元增长到83 787亿美元，增长1.6倍，见表2-13。通过对比2000年和2014年各主要国家制造业真实进口在全球真实进口占比可以看出：

表2-13　　2000~2014年主要国家制造业真实进口规模　　单位：亿美元

年份	中国	德国	法国	英国	意大利	日本	韩国	美国	全球
2000	1 186	2 536	1 787	1 758	1 152	1 825	818	6 627	32 794
2001	1 324	2 482	1 762	1 776	1 160	1 683	742	6 307	32 041
2002	1 576	2 439	1 844	1 854	1 238	1 619	810	6 473	33 576
2003	2 164	2 963	2 155	2 058	1 471	1 822	933	6 852	38 664
2004	2 798	3 435	2 528	2 392	1 711	2 105	1 132	7 696	45 825
2005	3 130	3 651	2 699	2 501	1 773	2 331	1 214	8 488	50 430
2006	3 597	4 154	2 896	2 706	2 011	2 472	1 369	9 245	56 767
2007	4 172	5 015	3 364	3 122	2 301	2 610	1 549	9 550	65 650
2008	4 543	5 369	3 632	3 052	2 412	2 892	1 827	9 612	71 752
2009	4 472	4 260	2 907	2 446	1 833	2 363	1 539	7 596	58 748
2010	5 897	4 494	2 878	2 718	2 144	2 850	1 938	9 003	68 226
2011	6 975	5 178	3 288	2 982	2 362	3 407	2 464	10 084	78 788
2012	7 024	4 605	3 050	2 978	2 000	3 497	2 430	10 570	78 679
2013	7 516	5 182	3 166	3 047	2 074	3 460	2 358	10 753	81 489
2014	7 439	5 193	3 207	3 241	2 137	3 699	2 372	11 363	83 787

资料来源：笔者根据WIOD数据计算整理而得。

2000年，美国为制造业全球真实进口最多的国家，规模为6 627亿美元，全球占比为20.2%，见表2-14；之后为德国，全球占比为7.7%；中国居全球第7位，真实进口规模为1 186亿美元，全球占比为3.6%，为美国真实进口规模的17.9%。真实进口规模最大的8个国家制造业进口，在全球占比为55.3%。

表2-14　　2000~2014年主要国家制造业真实进口规模占全球比重　　单位：%

年份	中国	德国	法国	英国	意大利	日本	韩国	美国
2000	3.6	7.7	5.4	5.4	3.5	5.6	2.5	20.2
2001	4.1	7.7	5.5	5.5	3.6	5.3	2.3	19.7
2002	4.7	7.3	5.5	5.5	3.7	4.8	2.4	19.3
2003	5.6	7.7	5.6	5.3	3.8	4.7	2.4	17.7
2004	6.1	7.5	5.5	5.2	3.7	4.6	2.5	16.8

续表

年份	中国	德国	法国	英国	意大利	日本	韩国	美国
2005	6.2	7.2	5.4	5.0	3.5	4.6	2.4	16.8
2006	6.3	7.3	5.1	4.8	3.5	4.4	2.4	16.3
2007	6.4	7.6	5.1	4.8	3.5	4.0	2.4	14.5
2008	6.3	7.5	5.1	4.3	3.4	4.0	2.5	13.4
2009	7.6	7.3	4.9	4.2	3.1	4.0	2.6	12.9
2010	8.6	6.6	4.2	4.0	3.1	4.2	2.8	13.2
2011	8.9	6.6	4.2	3.8	3.0	4.3	3.1	12.8
2012	8.9	5.9	3.9	3.8	2.5	4.4	3.1	13.4
2013	9.2	6.4	3.9	3.7	2.5	4.2	2.9	13.2
2014	8.9	6.2	3.8	3.9	2.6	4.4	2.8	13.6

资料来源：笔者根据 WIOD 数据计算整理而得。

2014年，美国仍然是制造业全球真实进口规模最大的国家，规模为11 363亿美元，比2000年增长0.7倍，全球占比为13.6%，下降6.6%；之后为中国，真实进口规模为7 439亿美元，增长5.3倍，在主要国家制造业中增长速度最快，全球占比为8.9%，增长5.3%，排名上升5位。真实进口规模最大的8个国家制造业进口，在全球占比下降为47%。

可以看出，所有主要国家制造业真实进口规模平均被高估幅度均高于40%。其中，中国、德国最为严重（见表2-15），平均被高估幅度分别为56.9%和56.0%。并且，除了韩国和法国以外，其他主要国家制造业真实进口规模被高估幅度高于制造业真实出口规模被高估幅度。这表明这些国家进口产品中所包含的他国中间产品比重高于其出口产品中所使用的进口中间品比重。

表2-15　2000~2014年主要国家制造业真实进口规模被高估幅度　　单位：%

年份	中国	德国	法国	英国	意大利	日本	韩国	美国	全球
2000	51.2	45.2	42.9	42.2	41.2	39.4	36.7	44.0	42.3
2001	47.7	45.8	42.0	40.9	40.9	37.1	35.6	42.2	41.2
2002	50.0	46.1	40.8	40.1	39.9	37.4	35.4	41.9	40.9

续表

年份	中国	德国	法国	英国	意大利	日本	韩国	美国	全球
2003	51.0	47.3	41.9	40.7	40.6	38.3	37.1	42.6	41.8
2004	54.2	50.5	44.5	43.2	43.4	41.5	40.7	45.4	44.6
2005	57.1	52.4	46.2	43.9	45.1	41.4	41.2	46.1	46.1
2006	61.9	55.8	49.3	46.1	48.0	42.9	43.1	47.7	48.7
2007	62.1	56.0	50.6	47.7	49.6	43.4	45.3	48.5	49.3
2008	63.7	58.9	52.2	50.7	50.6	44.5	47.9	49.5	51.1
2009	52.6	53.0	47.3	45.5	46.1	37.3	42.8	44.0	45.1
2010	58.3	62.8	55.2	52.0	52.2	41.6	45.7	47.9	50.3
2011	61.6	68.1	59.9	55.3	56.1	43.9	49.8	49.6	53.9
2012	62.2	67.9	59.4	56.4	56.5	42.5	48.5	48.2	53.0
2013	61.5	65.6	58.5	51.3	56.8	42.8	49.9	47.7	52.2
2014	59.0	64.5	57.0	51.3	55.5	41.6	49.9	47.2	50.9
平均	56.9	56.0	49.9	47.1	48.2	41.1	43.3	46.2	47.4

资料来源：笔者根据 WIOD 数据计算整理而得。

值得注意的是，中国、日本制造业真实进口规模被高估幅度与其真实出口规模被高估幅度差距最大，显示出中国虽然是全球制造业出口规模最大的国家，然而，中国出口产品嵌入全球价值链的程度明显低于其进口产品。

（3）真实贸易差额

2000~2014 年，全球主要国家制造业真实贸易差额，见表 2-16。

表 2-16　　　2000~2014 年主要国家制造业真实贸易差额　　单位：亿美元

年份	中国	德国	法国	英国	意大利	日本	韩国	美国
2000	416	808	-33	-9	441	1 791	315	-2 387
2001	381	986	-2	-91	479	1 390	301	-2 328
2002	470	1 360	17	-153	483	1 555	332	-2 727
2003	597	1 651	21	-149	563	1 683	386	-3 018
2004	966	2 031	-48	-214	666	2 012	562	-3 514
2005	1 748	2 122	-135	-235	686	1 996	605	-3 886
2006	2 668	2 268	-129	-267	678	2 026	614	-3 990
2007	3 729	2 784	-238	-433	920	2 222	686	-3 626

续表

年份	中国	德国	法国	英国	意大利	日本	韩国	美国
2008	4 798	3 031	-216	-291	1 068	2 122	619	-3 222
2009	3 607	2 294	-264	-556	828	1 571	805	-2 056
2010	4 484	2 755	-269	-861	657	2 256	896	-2 690
2011	5 392	3 164	-426	-853	797	1 895	879	-2 997
2012	6 229	3 321	-333	-917	1 040	1 591	982	-3 180
2013	6 933	3 148	-316	-1 039	1 097	1 274	1 272	-3 210
2014	8 319	3 424	-342	-1 164	1 154	1 134	1 307	-3 653

资料来源：笔者根据 WIOD 数据计算整理而得。

美国制造业真实逆差规模从 2 387 亿美元上升到 3 653 亿美元，增长约 0.5 倍，贸易逆差占真实出口比重由 56.3% 下降到 47.4%。与海关统计数据相比，2000 年，美国制造业真实贸易逆差被高估 55.7%；2014 年，被高估程度上升到 70.9%。

日本制造业一直存在顺差，真实贸易顺差总体上呈现先增长而后以较快速度下降的趋势。2000 年，顺差为 1 791 亿美元；2014 年，下降为 1 134 亿美元，远远低于 2000 年水平。贸易顺差占其总出口比重由 49.5% 下降到 23.5%，下降幅度超过一半。最初，日本制造业真实贸易顺差被低估，2000 年，低估程度为 12.1%；2007 年以后，其真实贸易差额由被低估转为被高估，2014 年，被高估程度为 26.7%。

中国制造业真实贸易顺差从 2000 年的 416 亿美元增长到 2014 年的 8 319 亿美元，顺差规模为全球最大，2014 年比 2000 年增长了 19 倍。顺差占总出口比重由 26% 上升到 52.8%。并且，中国是主要国家中制造业真实贸易差额唯一始终被低估的国家，同时，低估程度不断下降，从 2000 年的 52.2% 下降到 2014 年的 2.4%。

德国制造业真实贸易顺差从 2000 年的 808 亿美元上升到 2014 年的 3 424 亿美元，增长 3.2 倍。总体上处于全球第二大制造业顺差国地位。顺差占总出口比重由 24.2% 上升到 39.7%。同时，其真实贸易顺差也被明显高估，高估程度由 22% 上升到 33.7%。

英国制造业真实贸易逆差从2000年的9亿美元迅速扩大到2014年的1 164亿美元,增长128.3倍,贸易逆差占其总出口比重由0.5%上升到56.0%。2000年,英国制造业真实贸易逆差被高估18.9倍。

总的来看,2001~2014年,绝大多数主要国家制造业真实贸易差额(包括顺差和逆差)均被较大程度地高估;中国制造业真实顺差则被低估,同时,低估程度不断下降。

三、制造业全球价值链嵌入的市场优势

在经济全球化背景下,各国在制造业生产中形成的分工模式发生了明显变化。各国不再简单地处于产品生产和产品贸易的两端,而是通过频繁的中间产品贸易,形成日益复杂的全球价值链和生产网络。因此,采用海关总出口数据的传统核算方法无法体现一国真实的贸易规模,据此测算得出的全球市场优势指数(MAI指数)也无法真实体现一国或行业的竞争优势。

1. 修正的市场优势指数

采用国内增加值出口(DVA)代替传统市场优势指数公式中的总出口(EX),对传统全球市场优势指数进行修正,构建真实全球市场优势指数(MAI_R),其公式为:

$$MAI\_R_n = \left(DVA_n - \sum_{m \neq n} DVA_m\right) \Big/ \left(DVA_n + \sum_{m \neq n} DVA_m\right) \quad (2-12)$$

在式(2-12)中,MAI_R指数取值范围同样为(-1,1)。由于 $DVA < EX$,因此,如果一国真实出口规模被高估幅度大于真实进口规模被高估幅度,则有 $MAI\_R < MAI$,即一国真实全球市场优势被高估;相反,如果出口被高估幅度小于进口被高估幅度,则有 $MAI\_R > MAI$,一国真实全球市场优势被低估。

2. 总体市场优势

根据新贸易核算框架,采用增加值贸易数据测算得出全球主要国家

制造业的真实全球市场优势指数。结果显示，除英国、美国、法国以外，其他主要国家制造业在全球市场均处于优势地位。从各国表现具体来看：

日本 MAI_R 指数从 0.33 下降到 0.13，其 2000 年的全球真实市场优势在主要国家中最高；2010 年之后，以较快速度下降，2014 年，已经低于中国、德国、韩国、意大利，见表 2-17。与此同时，日本真实全球市场优势被明显低估，低估程度由 2000 年的 27.3% 下降到 2014 年的 7.7%（见表 2-18）。

表 2-17　2000~2014 年主要国家制造业全球价值链嵌入的市场优势

年份	中国	德国	法国	英国	意大利	日本	韩国	美国
2000	0.15	0.14	-0.01	0.00	0.16	0.33	0.16	-0.22
2001	0.13	0.17	0.00	-0.03	0.17	0.29	0.17	-0.23
2002	0.13	0.22	0.00	-0.04	0.16	0.32	0.17	-0.27
2003	0.12	0.22	0.00	-0.04	0.16	0.32	0.17	-0.28
2004	0.15	0.23	-0.01	-0.05	0.16	0.32	0.20	-0.30
2005	0.22	0.23	-0.03	-0.05	0.16	0.30	0.20	-0.30
2006	0.27	0.21	-0.02	-0.05	0.14	0.29	0.18	-0.28
2007	0.31	0.22	-0.04	-0.07	0.17	0.30	0.18	-0.23
2008	0.35	0.22	-0.03	-0.05	0.18	0.27	0.14	-0.20
2009	0.29	0.21	-0.05	-0.05	0.18	0.25	0.21	-0.16
2010	0.28	0.23	-0.05	-0.19	0.13	0.28	0.19	-0.18
2011	0.28	0.23	-0.07	-0.17	0.14	0.22	0.15	-0.17
2012	0.31	0.27	-0.06	-0.18	0.21	0.19	0.17	-0.18
2013	0.32	0.23	-0.05	-0.21	0.21	0.16	0.21	-0.18
2014	0.36	0.25	-0.06	-0.22	0.21	0.13	0.22	-0.19

资料来源：笔者根据 WIOD 数据计算整理而得。

表 2-18　2000~2014 年主要国家制造业真实市场优势被误估数值

年份	中国	德国	法国	英国	意大利	日本	韩国	美国
2000	0.10	0.02	-0.01	0.04	0.04	0.09	-0.04	0.02
2001	0.09	0.03	-0.01	0.02	0.04	0.08	-0.03	0.02
2002	0.08	0.04	-0.01	0.03	0.04	0.08	-0.02	0.02
2003	0.06	0.04	0.00	0.03	0.05	0.09	-0.03	0.03

续表

年份	中国	德国	法国	英国	意大利	日本	韩国	美国
2004	0.06	0.04	0.00	0.03	0.05	0.08	-0.02	0.02
2005	0.07	0.04	-0.01	0.03	0.04	0.08	-0.02	0.02
2006	0.08	0.03	0.00	0.03	0.03	0.07	-0.03	0.03
2007	0.08	0.03	-0.01	0.04	0.04	0.06	-0.02	0.05
2008	0.09	0.03	0.00	0.03	0.04	0.05	-0.08	0.05
2009	0.08	0.03	-0.01	0.01	0.04	0.05	-0.05	0.05
2010	0.09	0.04	0.00	0.00	0.03	0.05	-0.05	0.05
2011	0.10	0.04	-0.01	-0.01	0.04	0.05	-0.08	0.05
2012	0.10	0.05	0.00	0.00	0.04	0.05	-0.08	0.04
2013	0.11	0.03	0.00	0.01	0.04	0.03	-0.06	0.04
2014	0.10	0.04	-0.01	0.01	0.03	0.01	-0.04	0.04

注：数值为正，表明该国制造业市场优势被低估，数值为负，表明被高估。
资料来源：笔者根据 WIOD 数据计算整理而得。

中国 MAI_R 指数从 2000 年的 0.15 快速上升到 2014 年的 0.36。2000 年，中国真实市场优势在主要国家中排名第 4 位，此后，先后超过意大利、韩国、德国、日本，成为市场优势最强的国家。中国真实全球市场优势同样被低估，低估程度由 2000 年的 66.7% 下降到 2014 年的 27.8%。

美国 MAI_R 指数在 [-0.30，-0.16] 区间波动。与大部分国家不同，尽管美国在主要国家制造业中呈现出显著的市场劣势地位，其真实市场劣势被低估，低估程度由 2000 年的 9.1% 上升到 2014 年的 21.1%。

韩国 MAI_R 指数从 2000 年的 0.16 上升到 2014 年的 0.22。其真实市场优势被明显高估，高估程度最高为 57.1%（2008 年、2011 年）；最低为 9.1%（2007 年）。

总的来看，在主要国家中，中国、德国、意大利、日本在制造业全球市场上的真实优势被明显低估，韩国的市场优势被高估，英国、美国真实市场劣势则被低估。

第三节 不同技术制造业的全球价值链嵌入市场优势

一、高技术制造业市场优势

1. 真实贸易规模

2000~2014 年，全球高技术制造业贸易规模由 16 810 亿美元增长到 39 820 亿美元①，增长 1.4 倍，见表 2-19。占全球制造业贸易比重由 51.3% 下降到 47.5%，下降了 3.8%。

表 2-19　　　　2000~2014 年全球不同技术制造业贸易规模

年份	高技术 贸易规模（亿美元）	高技术 全球占比（%）	中技术 贸易规模（亿美元）	中技术 全球占比（%）	低技术 贸易规模（亿美元）	低技术 全球占比（%）
2000	16 810	51.3	8 051	24.5	7 934	24.2
2001	16 257	50.7	7 791	24.3	7 993	24.9
2002	17 001	50.6	8 189	24.4	8 386	25.0
2003	19 499	50.4	9 688	25.1	9 477	24.5
2004	23 023	50.2	12 069	26.3	10 732	23.4
2005	25 025	49.6	13 735	27.2	11 670	23.1
2006	28 093	49.5	15 932	28.1	12 742	22.4
2007	32 236	49.1	18 857	28.7	14 557	22.2
2008	34 773	48.5	21 265	29.6	15 714	21.9
2009	28 558	48.6	16 277	27.7	13 913	23.7
2010	33 339	48.9	19 685	28.9	15 202	22.3
2011	37 496	47.6	23 782	30.2	17 509	22.2
2012	37 511	47.7	23 583	30.0	17 585	22.4
2013	38 574	47.3	24 223	29.7	18 691	22.9
2014	39 820	47.5	24 427	29.2	19 539	23.3

资料来源：笔者根据 WIOD 数据计算整理而得。

---

① 后文所指，贸易规模均为真实贸易规模。

第二章 制造业全球价值链嵌入的市场优势

(1) 出口

2000~2014年,主要国家高技术制造业出口规模及其变化主要表现,见表2-20。

表2-20 2000~2014年主要国家高技术
制造业真实出口规模 单位:亿美元

年份	中国	德国	法国	英国	意大利	日本	韩国	美国	全球
2000	607	2 055	961	1 003	701	2 713	666	2 712	16 810
2001	657	2 172	977	973	719	2 242	613	2 507	16 257
2002	828	2 363	1 027	980	755	2 311	707	2 340	17 001
2003	1 196	2 877	1 190	1 069	896	2 572	848	2 352	19 499
2004	1 737	3 395	1 360	1 208	1 057	3 015	1 133	2 534	23 023
2005	2 300	3 566	1 395	1 238	1 090	3 117	1 233	2 743	25 025
2006	2 998	3 930	1 499	1 350	1 197	3 240	1 371	3 146	28 093
2007	3 872	4 825	1 654	1 425	1 451	3 445	1 553	3 479	32 236
2008	4 743	5 149	1 802	1 479	1 578	3 514	1 684	3 569	34 773
2009	4 268	3 912	1 373	1 016	1 210	2 595	1 624	3 108	28 558
2010	5 705	4 393	1 362	1 050	1 253	3 459	1 977	3 400	33 339
2011	6 623	5 107	1 451	1 201	1 400	3 570	2 330	3 689	37 496
2012	7 045	4 867	1 397	1 173	1 342	3 486	2 279	3 842	37 511
2013	7 576	5 106	1 482	1 118	1 428	3 207	2 471	3 786	38 574
2014	8 308	5 307	1 479	1 171	1 485	3 281	2 489	3 883	39 820

资料来源:笔者根据WIOD数据计算整理而得。

2000年,日本和美国为高技术制造业全球出口规模最大的国家,出口规模几乎相等,约为2 700亿美元,分别占本国制造业出口的75%和64%,两国出口总和占全球的近1/3(32.3%),见图2-1;之后为德国,在本国制造业出口占比为61.5%,全球占比为12.2%;中国出口规模为607亿美元,本国占比为37.9%,全球占比为3.6%,出口规模约为日本、美国的22.4%。

2014年,中国成为高技术制造业全球真实出口规模最大的国家,出口规模为8 308亿美元,比2000年增长12.7倍,在本国制造业出口

51

中占比超过一半,上升为52.7%,全球占比为20.9%,增长17.3%;之后为德国,出口5 307亿美元,增长1.6倍,在本国占比为61.6%,全球占比为13.3%,增长1.11%;美国、日本高技术制造业出口增长较为缓慢,分别增长0.4倍和0.2倍,在本国占比分别下降为50.4%和67.9%,全球占比排名由第一下降到第三和第四,分别为9.8%和8.2%,减少6.4%和7.9%。在主要国家中,除了中国、韩国和德国以外,其他国家高技术制造业出口在全球占比均有所下降。

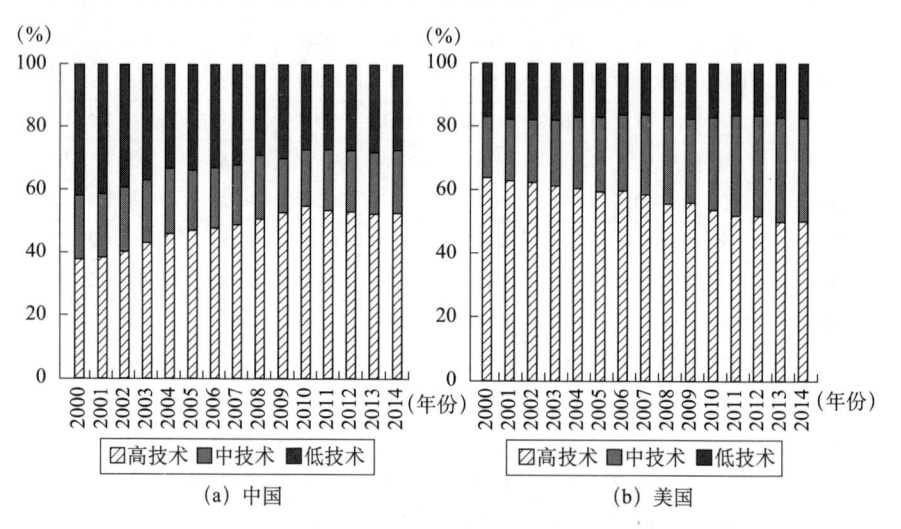

图2-1 2000~2014年中国、美国不同技术制造业出口占比

资料来源:笔者根据WIOD数据绘制而得。

可以看出,中国高技术制造业出口无论是规模、本国占比,还是全球占比,均呈现快速增长,表明其出口规模优势得到显著加强;美国、日本高技术制造业出口在本国占比、全球占比均以较快速度下滑,显示出其在高技术制造业的出口规模优势明显削弱。

(2)进口

2000~2014年,主要国家高技术制造业进口规模及其变化表现,见表2-21。

表 2-21　　2000~2014 年主要国家高技术制造业真实进口规模　　单位：亿美元

年份	中国	德国	法国	英国	意大利	日本	韩国	美国	全球
2000	602	1 266	893	958	523	684	391	3 530	16 810
2001	720	1 248	874	941	534	619	324	3 260	16 257
2002	878	1 248	910	957	573	609	353	3 338	17 001
2003	1 257	1 535	1 050	1 052	678	690	415	3 474	19 499
2004	1 663	1 766	1 237	1 223	780	796	503	3 781	23 023
2005	1 853	1 858	1 310	1 205	791	877	538	4 055	25 025
2006	2 191	2 101	1 388	1 240	858	933	593	4 394	28 093
2007	2 514	2 519	1 597	1 456	977	970	645	4 506	32 236
2008	2 713	2 679	1 708	1 426	1 026	1 057	721	4 455	34 773
2009	2 620	2 131	1 368	1 066	803	901	645	3 587	28 558
2010	3 489	2 194	1 355	1 303	918	1 110	806	4 290	33 339
2011	3 954	2 439	1 527	1 403	969	1 265	988	4 760	37 496
2012	3 909	2 138	1 397	1 389	795	1 379	954	5 154	37 511
2013	4 050	2 355	1 441	1 487	800	1 403	959	5 257	38 574
2014	4 174	2 356	1 452	1 636	837	1 530	970	5 598	39 820

资料来源：笔者根据 WIOD 数据计算整理而得。

2000 年，美国是高技术制造业全球进口规模最大的国家，进口规模为 3 530 亿美元，占本国制造业进口的 53.3%，占全球的 21%，是美国制造业进口最多的产品，明显高于其高技术制造业出口规模及占比（见图 2-2）；之后为德国，本国占比为 49.9%，全球占比为 7.5%；中国进口规模为 602 亿美元，本国占比为 50.8%，全球占比为 3.6%，约为日本和美国的 14.3%。

2014 年，美国仍然是高技术制造业全球进口规模最大的国家，进口规模为 5 598 亿美元，比 2000 年增长了约 0.6 倍，在本国制造业进口占比小幅下降到 49.3%，仍然是美国制造业进口最多的产品，全球占比为 14.1%，减少 6.9%；中国成为第二大国，进口 4 174 亿美元，增长 5.9 倍，本国占比为 56.1%，全球占比为 10.5%，增长 6.9%。在主要国家中，除了中国、韩国以外，其他国家高技术制造业进口在全球占比均有所下降。

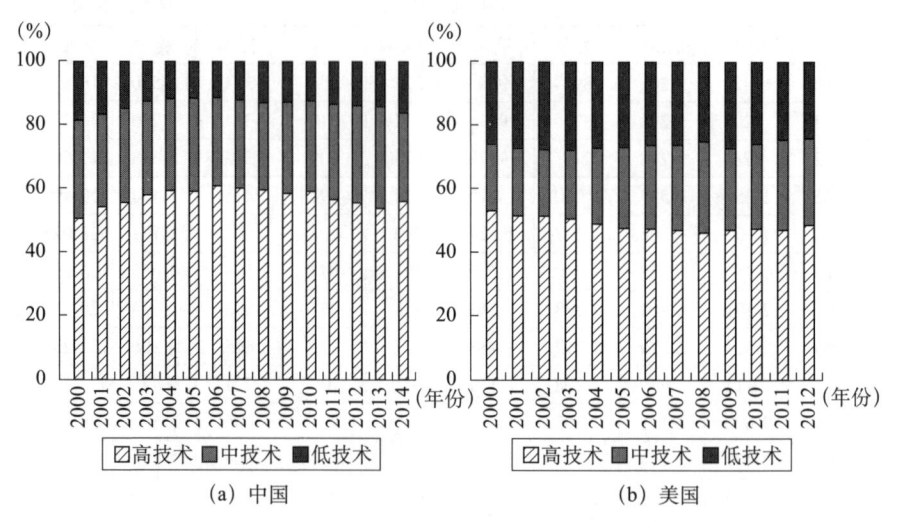

(a) 中国　　(b) 美国

图 2-2　2000~2014 年中国、美国不同技术制造业进口占比

可以看出，美国高技术制造业在全球占有绝对进口规模优势及结构优势，但是，优势有所削弱，见图 2-2；中国进口规模优势及结构优势均明显增强。

（3）贸易差额

2000~2014 年，主要国家高技术制造业贸易差额及其变化主要表现为，见表 2-22：

表 2-22　　　　2000~2014 年主要国家高技术制造业贸易差额

单位：亿美元

年份	中国	德国	法国	英国	意大利	日本	韩国	美国
2000	5	789	68	45	178	2 029	275	-818
2001	-63	924	103	32	185	1 623	289	-753
2002	-50	1 115	117	23	182	1 702	354	-998
2003	-61	1 342	140	17	218	1 882	433	-1 122
2004	74	1 629	123	-15	277	2 219	630	-1 247
2005	447	1 708	85	33	299	2 240	695	-1 312
2006	807	1 829	111	110	339	2 307	778	-1 248

续表

年份	中国	德国	法国	英国	意大利	日本	韩国	美国
2007	1 358	2 306	57	-31	474	2 475	908	-1 027
2008	2 030	2 470	94	53	552	2 457	963	-886
2009	1 648	1 781	5	-50	407	1 694	979	-479
2010	2 216	2 199	7	-253	335	2 349	1 171	-890
2011	2 669	2 668	-76	-202	431	2 305	1 342	-1 071
2012	3 136	2 729	0	-216	547	2 107	1 325	-1 312
2013	3 526	2 751	41	-369	628	1 804	1 512	-1 471
2014	4 134	2 951	27	-465	648	1 751	1 519	-1 715

资料来源：笔者根据 WIOD 数据计算整理而得。

美国一直是高技术制造业的逆差国，并且，逆差规模最大，由 818 亿美元上升到 1 715 亿美元。

2000 年，除美国之外的所有主要国家制造业贸易差额均显示为顺差。其中，日本顺差规模最大，为 2 029 亿美元；之后为德国。

2014 年，美国、英国高技术制造业呈现出贸易逆差，其他国家均为顺差。中国成为顺差规模最大的国家，为 4 134 亿美元，占中国制造业顺差总额的 49.7%；之后为德国。

总的来看，在高技术制造业出口方面，中国显示出最为突出的规模优势；日本、韩国则结构优势最强。而在进口方面，美国规模优势最大；中国结构优势最强。此外，中国高技术制造业出口结构和进口结构均有所优化，出口结构优化最为显著。韩国出口结构也有较为显著的优化。

2. 市场优势

2000~2014 年，在所有主要国家中，日本、韩国、德国、意大利一直拥有高技术制造业的市场优势，见表 2-23，其中，日本一直拥有显著的市场优势，在初期阶段其优势尤为突出；美国则处于市场劣势地位。

表 2-23　　2000~2014 年主要国家高技术制造业市场优势

年份	中国	德国	法国	英国	意大利	日本	韩国	美国
2000	0.00	0.24	0.04	0.02	0.15	0.60	0.26	-0.13
2001	-0.05	0.27	0.06	0.02	0.15	0.57	0.31	-0.13
2002	-0.03	0.31	0.06	0.01	0.14	0.58	0.33	-0.18
2003	-0.02	0.30	0.06	0.01	0.14	0.58	0.34	-0.19
2004	0.02	0.32	0.05	-0.01	0.15	0.58	0.39	-0.20
2005	0.11	0.31	0.03	0.01	0.16	0.56	0.39	-0.19
2006	0.16	0.30	0.04	0.04	0.16	0.55	0.40	-0.17
2007	0.21	0.31	0.04	-0.01	0.20	0.56	0.41	-0.13
2008	0.27	0.32	0.03	0.02	0.21	0.54	0.40	-0.11
2009	0.24	0.29	0.00	-0.02	0.20	0.48	0.43	-0.07
2010	0.24	0.33	0.00	-0.11	0.15	0.51	0.42	-0.12
2011	0.25	0.35	-0.03	-0.08	0.18	0.48	0.40	-0.13
2012	0.29	0.39	0.00	-0.08	0.26	0.43	0.41	-0.15
2013	0.30	0.37	0.01	-0.14	0.28	0.39	0.44	-0.16
2014	0.33	0.39	0.01	-0.17	0.28	0.36	0.44	-0.18

资料来源：笔者根据 WIOD 数据计算整理而得。

中国由市场劣势转变为市场优势，法国、英国则由市场优势逐渐转变为市场劣势。

从市场优势的变化趋势看，日本的市场优势不断削弱，2012 年以后，先后被韩国和德国超越。法国、英国呈现出不同阶段特征——由最初市场优势下降转变为市场劣势，此后，市场劣势有所加强，并且，英国表现更为明显。韩国、德国、意大利及中国高技术制造业市场优势逐渐增强。其中，中国市场优势增加势头最为强劲。

二、中技术制造业市场优势

1. 真实贸易规模

2000~2014 年，全球中技术制造业贸易规模由 8 051 亿美元增长到 24 427 亿美元，增长 2.0 倍。占全球制造业贸易比重由 24.5% 上升到 29.2%，增加了 4.6%。

第二章 制造业全球价值链嵌入的市场优势

（1）出口

在主要国家中，技术制造业出口规模及其变化主要表现，见表2-24。

表2-24　　　2000~2014年主要国家中技术制造业真实出口规模　　单位：亿美元

年份	中国	德国	法国	英国	意大利	日本	韩国	美国	全球
2000	326	805	436	418	366	760	236	816	8 051
2001	344	783	426	402	373	701	221	768	7 791
2002	417	873	449	394	395	727	231	737	8 189
2003	548	1 073	532	463	480	800	268	797	9 688
2004	779	1 302	628	549	587	955	359	938	12 069
2005	932	1 383	669	598	628	1 052	402	1 080	13 735
2006	1 204	1 580	731	640	703	1 106	448	1 259	15 932
2007	1 501	1 896	858	748	858	1 221	519	1 487	18 857
2008	1 899	2 057	938	761	923	1 321	589	1 783	21 265
2009	1 388	1 584	700	505	654	1 177	549	1 469	16 277
2010	1 863	1 778	695	485	728	1 458	666	1 838	19 685
2011	2 389	2 002	777	560	835	1 540	789	2 240	23 782
2012	2 582	1 889	715	520	806	1 427	840	2 336	23 583
2013	2 828	1 982	728	562	784	1 357	876	2 470	24 223
2014	3 147	2 024	739	549	805	1 365	911	2 502	24 427

资料来源：笔者根据WIOD数据计算整理而得。

2000年，美国和德国为中技术制造业全球出口规模最大的国家，出口规模分别为816亿美元和805亿美元，分别占本国制造业出口的19.2%和24.1%，全球占比分别为10.1%和10%；中国出口规模为326亿美元，本国占比为20.3%，全球占比为4%。

2014年，中国成为中技术制造业全球出口规模最大的国家，出口规模为3 147亿美元，比2000年增长8.7倍，在本国制造业出口占比为20%，全球占比为12.9%，增长8.9%；之后为美国，出口2 502亿美元，增长2.1倍，本国占比增长到32.5%，全球占比为10.2%，增长0.1%。在主要国家中，除中国、韩国和美国以外，其他国家中技术制造业出口在全球占比与2000年相比均有所下降。

57

可以看出，中国中技术制造业出口全球占比明显提升，表明其出口规模优势显著增强；美国出口规模优势变化不大；日本出口规模则明显削弱。

（2）进口

主要国家中技术制造业进口规模及其变化主要表现，见表2-25。

表2-25　　　　　　2000~2014年主要国家中技术制造业
真实进口规模　　　　　　　　单位：亿美元

年份	中国	德国	法国	英国	意大利	日本	韩国	美国	全球
2000	366	641	452	321	336	454	294	1 386	8 051
2001	385	613	439	331	320	402	276	1 334	7 791
2002	465	572	459	353	340	387	299	1 349	8 189
2003	637	695	544	401	404	454	352	1 472	9 688
2004	810	850	657	475	489	558	456	1 830	12 069
2005	917	945	726	540	515	648	490	2 152	13 735
2006	996	1 127	809	642	623	729	560	2 424	15 932
2007	1 155	1 404	954	772	732	820	661	2 549	18 857
2008	1 243	1 540	1 033	739	762	958	843	2 755	21 265
2009	1 284	1 096	761	585	505	640	658	1 945	16 277
2010	1 678	1 262	797	648	646	853	846	2 394	19 685
2011	2 083	1 535	937	750	748	1 060	1 111	2 861	23 782
2012	2 142	1 381	882	780	640	1 010	1 081	2 878	23 583
2013	2 405	1 603	908	691	674	962	1 002	2 856	24 223
2014	2 066	1 597	909	749	663	1 039	983	2 994	24 427

资料来源：笔者根据WIOD数据计算整理而得。

2000年，美国是中技术制造业全球进口规模最大的国家，进口规模为1 386亿美元，占本国制造业进口的20.9%，占全球的17.2%；之后为德国，本国占比为25.3%，全球占比为8%；中国进口规模为366亿美元，本国占比为30.9%，全球占比为4.5%。

2014年，美国仍然是中技术制造业全球进口规模最大的国家，进口规模为2 994亿美元，比2000年增长1.2倍，在本国制造业进口占比增长到26.3%，全球占比下降为12.3%，减少5.0%；中国成为第二大进口国，进口2 066亿美元，增长4.6倍，本国占比为27.8%，全球占比为8.5%，增长4.0%。在主要国家中，除了中国、韩国以外的其他国家，中技术制造业进口全球占比与2000年相比均有所下降。

可以看出，美国中技术制造业在全球占有绝对进口规模优势，但是，优势有所削弱；中国进口规模优势则明显提升。

（3）贸易差额

主要国家中技术制造业贸易差额及其变化主要表现为以下几点。

美国一直是中技术制造业的贸易逆差国，并且，逆差规模最大，由2000年的570亿美元上升到2006年的峰值1 165亿美元，2014年逆差规模下降为492亿美元。

2000年，日本是中技术制造业最大的顺差国，之后是德国；除美国以外，逆差国还包括韩国、中国和法国。但是，这三个国家逆差规模比较小，中国逆差为40亿美元。

2014年，美国、英国、法国、韩国中技术制造业存在逆差，其他国家均为顺差。中国成为顺差规模最大的国家，达1 081亿美元，占中国制造业顺差总额的13%；之后为德国。

总的来看，在中技术制造业出口方面，中国同样表现出十分突出的规模优势；美国结构优势最强。在中技术制造业进口方面，美国规模优势最大，韩国结构优势最强。

2. 市场优势

2000~2014年，在主要国家中，日本、德国、意大利一直拥有中技术制造业的市场优势（见表2-26），其中，在大部分年份日本一直拥有最强的市场优势。美国、韩国、法国则处市场劣势地位。

表 2-26　　2000~2014 年主要国家中技术制造业市场优势

年份	中国	德国	法国	英国	意大利	日本	韩国	美国
2000	-0.06	0.11	-0.02	0.13	0.04	0.25	-0.11	-0.26
2001	-0.06	0.12	-0.02	0.10	0.08	0.27	-0.11	-0.27
2002	-0.05	0.21	-0.01	0.05	0.07	0.31	-0.13	-0.29
2003	-0.08	0.21	-0.01	0.07	0.09	0.28	-0.14	-0.30
2004	-0.02	0.21	-0.02	0.07	0.09	0.26	-0.12	-0.32
2005	0.01	0.19	-0.04	0.05	0.10	0.24	-0.10	-0.33
2006	0.09	0.17	-0.05	0.00	0.06	0.21	-0.11	-0.32
2007	0.13	0.15	-0.05	-0.02	0.08	0.20	-0.12	-0.26
2008	0.21	0.14	-0.05	0.01	0.10	0.16	-0.18	-0.21
2009	0.04	0.18	-0.04	-0.07	0.13	0.30	-0.09	-0.14
2010	0.05	0.17	-0.07	-0.14	0.06	0.26	-0.12	-0.13
2011	0.07	0.13	-0.09	-0.15	0.05	0.18	-0.17	-0.12
2012	0.09	0.16	-0.10	-0.20	0.11	0.17	-0.13	-0.10
2013	0.08	0.11	-0.11	-0.10	0.10	0.17	-0.07	-0.07
2014	0.21	0.12	-0.10	-0.15	0.10	0.14	-0.04	-0.09

资料来源：笔者根据 WIOD 数据计算整理而得。

中国由市场劣势转变为市场优势，英国则由市场优势迅速转变为市场劣势。

从市场优势的变化趋势看，总体上，日本中技术制造业的市场优势有所削弱；德国、意大利市场优势变化不大；中国市场优势明显增强，2014 年，超越其他主要国家成为中技术制造业市场优势最强的国家；美国市场劣势不断削弱；韩国市场劣势地位变化不大。

三、低技术制造业市场优势

1. 真实贸易规模

2000~2014 年，主要国家低技术制造业贸易规模由 7 934 亿美元增长到 19 539 亿美元，增长 1.5 倍。占全球制造业贸易比重在 [22%，25%] 区间小幅波动。

第二章 制造业全球价值链嵌入的市场优势

(1) 出口

主要国家低技术制造业出口规模及其变化主要表现,如表 2-27 所示。

表 2-27　　　2000~2014 年主要国家低技术制造业真实出口规模　　单位:亿美元

年份	中国	德国	法国	英国	意大利	日本	韩国	美国	全球
2000	670	484	357	328	525	143	232	712	7 934
2001	704	512	357	311	547	131	210	703	7 993
2002	801	562	386	328	571	136	204	668	8 386
2003	1 017	663	454	376	658	133	203	685	9 477
2004	1 248	769	492	422	733	147	202	710	10 732
2005	1 646	824	501	430	740	158	185	779	11 670
2006	2 062	911	536	450	789	152	164	851	12 742
2007	2 528	1 079	613	516	912	166	163	958	14 557
2008	2 699	1 194	675	520	980	179	173	1 039	15 714
2009	2 422	1 058	570	369	797	162	170	964	13 913
2010	2 813	1 079	552	321	820	189	190	1 074	15 202
2011	3 355	1 233	634	368	923	192	224	1 158	17 509
2012	3 627	1 170	604	368	892	174	293	1 213	17 585
2013	4 044	1 242	640	328	959	170	284	1 287	18 691
2014	4 302	1 287	647	357	1 001	187	279	1 325	19 539

资料来源:笔者根据 WIOD 数据计算整理而得。

2000 年,美国是低技术制造业全球出口规模最大的国家,出口规模为 712 亿美元,占本国制造业出口的 16.8%,全球占比为 9%;中国出口规模第二,为 670 亿美元,占本国制造业出口的 41.8%,全球占比为 8.4%。

2001~2014 年,中国超过美国,成为低技术制造业全球出口规模最大的国家,2014 年,出口规模为 4 302 亿美元,比 2000 年增长 5.4 倍,在本国制造业出口占比为 27.3%,全球占比为 22%,增长 13.6%;之后为美国和德国,出口分别为 1 325 亿美元和 1 287 亿美元,分别增长 0.9 倍和 1.7 倍,占本国制造业出口的变化不大,分别约为 17% 和

61

15%，全球占比为6.8%和6.6%，美国下降2.2%；德国上升0.5%。在主要国家中，除中国、德国以外，其他国家低技术制造业出口在全球占比均有所下降。

可以看出，中国低技术制造业出口规模及出口结构均一直占据显著优势甚至绝对优势。同时，其相对优势明显削弱。虽然意大利出口规模优势不突出，但是，其出口结构优势非常强。

（2）进口

主要国家低技术制造业进口规模及其变化主要表现，如表2-28所示。

表2-28　　　　　2000~2014年主要国家低技术制造业
真实进口规模　　　　　　单位：亿美元

年份	中国	德国	法国	英国	意大利	日本	韩国	美国	全球
2000	218	629	442	478	293	687	133	1 711	7 934
2001	220	620	449	505	306	662	142	1 713	7 993
2002	233	619	475	544	324	624	159	1 785	8 386
2003	270	733	561	605	390	678	166	1 906	9 477
2004	326	819	634	694	443	751	173	2 085	10 732
2005	360	848	663	756	467	806	187	2 281	11 670
2006	410	926	698	825	530	810	216	2 427	12 742
2007	504	1 093	813	894	592	820	243	2 495	14 557
2008	588	1 151	891	887	624	877	263	2 402	15 714
2009	568	1 033	777	795	526	822	236	2 065	13 913
2010	729	1 038	726	767	580	887	286	2 319	15 202
2011	938	1 204	825	829	645	1 083	366	2 463	17 509
2012	973	1 086	771	809	566	1 108	394	2 539	17 585
2013	1 062	1 225	817	869	600	1 095	397	2 640	18 691
2014	1 199	1 240	846	857	636	1 130	419	2 771	19 539

资料来源：笔者根据WIOD数据计算整理而得。

2000年，美国是低技术制造业全球进口规模最大的国家，进口规模为1 711亿美元，占本国制造业进口的25.8%，占全球的21.6%；之后为日本和德国，本国占比分别为37.6%和24.8%，全球占比分别为

8.7%和7.9%；中国进口规模为218亿美元，本国占比为18.4%，全球占比为2.7%。

2014年，美国仍然是低技术制造业全球进口规模最大的国家，进口规模为2 771亿美元，比2000年增长0.6倍，在本国制造业进口占比下降到24.4%，全球占比下降为14.2%，减少7.4%；之后是德国、中国、日本，进口分别为1 240亿美元、1 199亿美元和1 130亿美元，增长约1倍、4.5倍和0.6倍，本国占比分别为23.9%、16.1%和30.5%，全球占比则分别为6.3%、6.1%和5.8%。其中，中国低技术制造业全球进口在全球占比明显提升，德国和日本占比呈下降趋势。除中国以外，只有韩国低技术制造业进口全球占比有所上升。

可以看出，美国低技术制造业进口具有十分突出的规模优势；日本则具有进口结构优势，但是，其优势呈逐年减弱趋势；中国进口规模优势快速提升。

(3) 贸易差额

主要国家低技术制造业贸易差额及其变化主要表现为以下4点。

美国、日本、英国、法国一直是低技术制造业的贸易逆差国。中国、意大利、韩国主要是顺差国。

2000年，美国逆差规模最大，为999亿美元；日本是低技术制造业第二大逆差国；之后是英国和德国；中国是主要国家中顺差规模最大的国家，顺差为452亿美元。

2014年，美国逆差规模最大，达到1 446亿美元；中国顺差规模最大，达3 103亿美元，占中国制造业顺差总额的37.3%。此外，韩国低技术制造业由顺差转为逆差；德国则与其相反，由逆差转为顺差。

总的来看，在低技术制造业出口方面，中国具备非常突出的规模优势和结构优势，同时，其结构优势不断削弱。在进口方面，美国规模优势最大；主要发达国家结构优势强于中国和韩国。

2. 市场优势

2000~2014年，在低技术制造业的全球市场中，中国 MAI_R 指数一直大于0.5，表明中国在低技术制造业的全球市场中拥有非常突出的优势，见表2-29；意大利仅次于中国，也一直拥有较为明显的市场优势。

表2-29　　2000~2014年主要国家低技术制造业市场优势

年份	中国	德国	法国	英国	意大利	日本	韩国	美国
2000	0.51	-0.13	-0.11	-0.19	0.28	-0.66	0.27	-0.41
2001	0.52	-0.10	-0.11	-0.24	0.28	-0.67	0.19	-0.42
2002	0.55	-0.05	-0.10	-0.25	0.28	-0.64	0.12	-0.46
2003	0.58	-0.05	-0.11	-0.23	0.26	-0.67	0.10	-0.47
2004	0.59	-0.03	-0.13	-0.24	0.25	-0.67	0.08	-0.49
2005	0.64	-0.01	-0.14	-0.27	0.23	-0.67	-0.01	-0.49
2006	0.67	-0.01	-0.14	-0.29	0.20	-0.68	-0.14	-0.48
2007	0.67	-0.01	-0.14	-0.27	0.21	-0.66	-0.20	-0.45
2008	0.64	0.02	-0.14	-0.26	0.22	-0.66	-0.21	-0.40
2009	0.62	0.01	-0.15	-0.37	0.20	-0.67	-0.16	-0.36
2010	0.59	0.02	-0.14	-0.41	0.17	-0.65	-0.20	-0.37
2011	0.56	0.01	-0.13	-0.39	0.18	-0.70	-0.24	-0.36
2012	0.58	0.04	-0.12	-0.37	0.22	-0.73	-0.15	-0.35
2013	0.58	0.01	-0.12	-0.45	0.23	-0.73	-0.17	-0.34
2014	0.56	0.02	-0.13	-0.41	0.22	-0.72	-0.20	-0.35

资料来源：笔者根据WIOD数据计算整理而得。

日本、美国、英国、法国则一直处于明显的市场劣势地位，其中，日本市场劣势最强。其中，英国的市场劣势有所加强。德国则在低技术制造业市场中明显显示出了十分平稳的中性，没有表现出明显的市场优势或劣势。

与大多数主要国家表现出较为稳定的市场优势或市场劣势不同，韩国在嵌入低技术制造业全球价值链的过程中，由市场优势迅速转变为市场劣势。

总的来看，日本在高技术制造业、中技术制造业均具有较强的市场优势，同时，其市场优势有所削弱；意大利在高技术制造业市场、中技术制造业市场、低技术制造业市场上均表现出较为明显且稳定的优势；与意大利相反，美国则在高技术制造业市场、中技术制造业市场、低技术制造业市场上均显示出较显著的劣势地位，其中，中技术制造业市场的劣势地位有明显改善。中国在高技术制造业市场、中技术制造业市场由明显劣势转变为明显优势，在低技术制造业市场则一直处于绝对优势地位。韩国在高技术制造业的市场优势不断加强，中技术制造业和低技术制造业则处于明显市场劣势。

因此，可以得出，在全球价值链嵌入过程中，中国已经全面具备高技术制造业、中技术制造业、低技术制造业的市场优势，其中，中技术制造业、低技术制造业为绝对优势，见表2-30；在高技术制造业，中国的市场优势与市场优势最强的主要国家之间差距明显缩小。

表2-30　　2014年主要国家不同技术制造业出口市场优势及进口市场优势

项目	高技术制造业		中技术制造业		低技术制造业	
	规模优势	结构优势	规模优势	结构优势	规模优势	结构优势
出口	中国	美国	中国	韩国	中国	中国
进口	美国	中国	美国	韩国	美国	日本

第四节　不同产品制造业的全球价值链嵌入市场优势

一、最终产品制造业市场优势

1. 真实贸易规模

2000~2014年，全球最终产品制造业贸易规模由15 963亿美元增长到37 788亿美元，增长1.4倍，见表2-31。占全球制造业贸易比重由48.7%下降到45.1%，稍低于一半。

表2-31　　　2000~2014年全球不同产品制造业贸易规模

年份	最终产品 贸易规模（亿美元）	最终产品 全球占比（%）	中间产品 贸易规模（亿美元）	中间产品 全球占比（%）
2000	15 963	48.7	16 831	51.3
2001	15 839	49.4	16 202	50.6
2002	16 599	49.4	16 977	50.6
2003	18 983	49.1	19 681	50.9
2004	22 045	48.1	23 780	51.9
2005	24 153	47.9	26 278	52.1
2006	27 046	47.6	29 721	52.4
2007	30 857	47.0	34 793	53.0
2008	33 413	46.6	38 340	53.4
2009	27 868	47.4	30 880	52.6
2010	31 435	46.1	36 791	53.9
2011	35 649	45.2	43 138	54.8
2012	35 807	45.5	42 872	54.5
2013	36 503	44.8	44 986	55.2
2014	37 788	45.1	45 998	54.9

资料来源：笔者根据WIOD数据计算整理而得。

（1）出口

2000~2014年，主要国家最终产品出口规模及其变化主要表现，见表2-32。

表2-32　　　2000~2014年主要国家制造业最终产品真实出口规模　　　单位：亿美元

年份	中国	德国	法国	英国	意大利	日本	韩国	美国	全球
2000	1 024	1 676	905	828	838	1 773	510	2 020	15 963
2001	1 092	1 813	929	779	868	1 480	509	1 912	15 839
2002	1 293	1 930	993	805	924	1 553	570	1 761	16 599
2003	1 752	2 323	1 151	898	1 082	1 718	654	1 782	18 983
2004	2 340	2 771	1 296	1 010	1 212	1 985	819	1 890	22 045
2005	3 081	2 911	1 336	1 048	1 235	2 074	863	2 075	24 153
2006	3 897	3 233	1 423	1 125	1 343	2 158	932	2 402	27 046
2007	4 909	3 928	1 582	1 245	1 609	2 246	972	2 724	30 857
2008	5 614	4 215	1 733	1 312	1 749	2 290	1 073	2 841	33 413

第二章　制造业全球价值链嵌入的市场优势

续表

年份	中国	德国	法国	英国	意大利	日本	韩国	美国	全球
2009	5 087	3 267	1 359	862	1 365	1 635	1 130	2 411	27 868
2010	6 329	3 577	1 313	857	1 397	2 189	1 331	2 668	31 435
2011	7 331	4 163	1 428	983	1 544	2 231	1 544	2 952	35 649
2012	7 915	3 955	1 390	963	1 479	2 115	1 532	3 170	35 807
2013	8 347	4 099	1 456	859	1 556	1 891	1 554	3 237	36 503
2014	8 878	4 242	1 454	926	1 627	2 029	1 533	3 297	37 788

资料来源：笔者根据 WIOD 数据计算整理而得。

2000 年，美国是最终产品制造业全球出口规模最大的国家，出口规模为 2 020 亿美元，占本国制造业出口的 47.6%，全球占比为 12.7%；日本、德国出口规模分列第二和第三，分别为 1 773 亿美元和 1 676 亿美元，本国占比分别为 49% 和 50.1%，全球占比分别为 11.1% 和 10.5%。中国最终产品制造业出口规模为 1 024 亿美元，在本国制造业出口占比为 63.9%，全球占比为 6.4%，出口规模约为美国的一半。

2014 年，中国成为最终产品制造业全球出口规模最大的国家，出口规模为 8 878 亿美元，比 2000 年增长 7.7 倍，在本国制造业出口占比为 56.3%，全球占比为 23.5%，增长 17.1%；之后为德国，出口 4 242 亿美元，增长 1.5 倍，本国占比变化不大，为 49.2%，全球占比为 11.2%，上升 0.7%。在主要国家中，除中国、德国、韩国外，其他国家最终产品制造业出口在全球占比均有所下降。

可以看出，中国最终产品制造业的出口规模及出口结构均明显优于其他主要国家，占显著优势，出口规模优势尤为突出，全球占比接近 1/4。虽然意大利出口规模优势不突出，但是，其出口结构优势非常强。

（2）进口

2000~2014 年，主要国家最终产品进口规模及其变化主要表现，见表 2-33。

表 2-33　　2000~2014 年主要国家制造业最终产品真实进口规模　　单位：亿美元

年份	中国	德国	法国	英国	意大利	日本	韩国	美国	全球
2000	382	1 249	778	930	549	981	254	3 813	15 963
2001	464	1 210	786	943	571	935	237	3 701	15 839
2002	556	1 226	841	987	622	894	264	3 877	16 599
2003	772	1 481	998	1 102	747	987	299	4 088	18 983
2004	989	1 689	1 115	1 275	861	1 070	372	4 422	22 045
2005	1 084	1 767	1 181	1 346	863	1 175	404	4 807	24 153
2006	1 267	1 966	1 295	1 442	975	1 195	464	5 201	27 046
2007	1 188	2 278	1 510	1 612	1 089	1 208	508	5 384	30 857
2008	1 362	2 442	1 638	1 581	1 151	1 300	537	5 307	33 413
2009	1 513	2 070	1 305	1 229	847	1 176	467	4 437	27 868
2010	2 064	2 035	1 229	1 351	918	1 351	542	5 139	31 435
2011	2 481	2 290	1 398	1 429	973	1 642	657	5 569	35 649
2012	2 434	2 024	1 273	1 450	809	1 741	655	5 893	35 807
2013	2 411	2 274	1 357	1 579	830	1 739	657	5 637	36 503
2014	2 556	2 292	1 369	1 678	867	1 838	697	5 931	37 788

资料来源：笔者根据 WIOD 数据计算整理而得。

2000 年，美国是最终产品制造业全球进口规模最大的国家，进口规模为 3 813 亿美元，占本国制造业进口的 57.5%，占全球的 23.9%；之后为德国，为 1 249 亿美元，本国占比为 49.3%，全球占比为 7.8%；中国进口规模为 382 亿美元，本国占比为 32.2%，全球占比为 2.4%。

2014 年，美国仍然是最终产品制造业全球进口规模最大的国家，进口规模为 5 931 亿美元，比 2000 年增长 0.6 倍，在本国制造业进口占比下降到 52.2%，全球占比下降为 15.7%，减少 8.2%；之后是中国，进口规模为 2 556 亿美元，本国占比为 34.4%，全球占比为 6.8%，增加 4.4%。在主要国家中，中国是最终产品制造业进口全球占比唯一总体上有所上升的国家；韩国全球占比一直保持在 1.7% 左右；其他主要国家最终产品制造业进口全球占比则均有所下降。

第二章 制造业全球价值链嵌入的市场优势

值得注意的是,在所有主要国家中,虽然韩国最终产品进口规模在全球占比较小,但其进口结构与中国相似,在全国制造业进口占比在27%~34%,远低于其他主要国家。

可以看出,美国最终产品制造业进口具有十分突出的规模优势。并且,大部分主要国家最终产品进口结构有所削弱。中国进口规模优势快速提升。

(3) 贸易差额

2000~2014年,主要国家最终产品贸易差额及其变化主要表现为:

美国、英国一直是最终产品制造业的贸易逆差国,日本次之。中国、意大利、韩国一直是顺差国。

2000年,美国逆差规模最大,为1 793亿美元;日本是最终产品最大顺差国,为792亿美元;中国是为第二大顺差国,顺差规模为642亿美元。

2014年,美国仍为逆差规模最大的国家,为2 634亿美元,增长0.5倍;中国成为顺差规模最大的国家,达6 322亿美元,增长8.8倍;日本虽然仍处于顺差地位,但其顺差规模下降到191亿美元,不足2000年的1/4。

总的来看,在最终产品制造业出口方面,中国已经具备非常突出的规模优势和结构优势。在最终产品制造业进口方面,美国规模优势最大;主要发达国家结构优势,强于中国和韩国。

2. 市场优势

2000~2014年,在所有主要国家中,中国一直拥有最终产品制造业的市场优势,见表2-34。在此期间,除了2011年被韩国超越以外,其他年份中国在最终产品制造业的全球市场中一直拥有绝对优势。韩国仅次于中国,同样一直拥有较强的市场优势。此外,法国、德国、意大利在最终产品制造业市场上也处于一定的优势地位,但是,优势较微弱。

表 2-34　　2000~2014 年主要国家最终产品制造业市场优势

年份	中国	德国	法国	英国	意大利	日本	韩国	美国
2000	0.46	0.15	0.08	-0.06	0.21	0.29	0.34	-0.31
2001	0.40	0.20	0.08	-0.10	0.21	0.23	0.36	-0.32
2002	0.40	0.22	0.08	-0.10	0.20	0.27	0.37	-0.38
2003	0.39	0.22	0.07	-0.10	0.18	0.27	0.37	-0.39
2004	0.41	0.24	0.08	-0.12	0.17	0.30	0.38	-0.40
2005	0.48	0.24	0.06	-0.12	0.18	0.28	0.36	-0.40
2006	0.51	0.24	0.05	-0.12	0.16	0.29	0.34	-0.37
2007	0.61	0.27	0.02	-0.13	0.19	0.30	0.31	-0.33
2008	0.61	0.27	0.03	-0.09	0.21	0.28	0.33	-0.30
2009	0.54	0.22	0.02	-0.18	0.23	0.16	0.42	-0.30
2010	0.51	0.27	0.03	-0.22	0.21	0.24	0.42	-0.32
2011	0.49	0.29	0.01	-0.18	0.23	0.15	0.40	-0.31
2012	0.53	0.32	0.04	-0.20	0.29	0.10	0.40	-0.30
2013	0.55	0.29	0.04	-0.30	0.30	0.04	0.41	-0.27
2014	0.55	0.30	0.03	-0.29	0.30	0.05	0.37	-0.29

资料来源：笔者根据 WIOD 数据计算整理而得。

美国在最终产品制造业市场上一直处于绝对劣势地位，之后为英国。日本除个别年份（2007 年、2008 年）以外，也处于市场劣势。

从最终产品制造业市场优势的变化看，处于东亚地区的中国、韩国、日本最终产品的市场优势/劣势均呈现出较为明显的变化和波动，其他主要国家则表现得较为稳定。

二、中间产品制造业市场优势

1. 真实贸易规模

（1）出口

2000~2014 年，主要国家中间产品出口规模及其变化主要表现，见表 2-35。

表 2 – 35　　2000～2014 年主要国家制造业中间产品真实出口规模

单位：亿美元

年份	中国	德国	法国	英国	意大利	日本	韩国	美国	全球
2000	578	1 669	849	921	754	1 843	623	2 220	16 831
2001	613	1 655	831	906	771	1 593	534	2 067	16 202
2002	753	1 868	868	896	798	1 621	572	1 985	16 977
2003	1 009	2 290	1 025	1 010	952	1 787	665	2 052	19 681
2004	1 425	2 695	1 184	1 168	1 165	2 132	875	2 291	23 780
2005	1 797	2 862	1 228	1 217	1 223	2 253	957	2 527	26 278
2006	2 368	3 189	1 343	1 314	1 346	2 340	1 051	2 853	29 721
2007	2 991	3 871	1 543	1 444	1 612	2 586	1 262	3 199	34 793
2008	3 726	4 185	1 683	1 448	1 731	2 724	1 373	3 550	38 340
2009	2 992	3 288	1 284	1 028	1 296	2 299	1 214	3 129	30 880
2010	4 052	3 672	1 296	1 000	1 404	2 917	1 503	3 645	36 791
2011	5 036	4 180	1 434	1 146	1 615	3 071	1 799	4 136	43 138
2012	5 338	3 972	1 327	1 097	1 560	2 973	1 880	4 220	42 872
2013	6 102	4 231	1 394	1 150	1 615	2 843	2 076	4 306	44 986
2014	6 880	4 375	1 411	1 151	1 664	2 805	2 145	4 413	45 998

资料来源：笔者根据 WIOD 数据计算整理而得。

2000 年，美国是中间产品制造业全球出口规模最大的国家，出口规模为 2 220 亿美元，占本国制造业出口的 52.4%，全球占比为 13.2%；日本、德国出口规模分列第二和第三，分别为 1 843 亿美元和 1 669 亿美元，本国占比分别为 51% 和 49.9%，全球占比分别为 11% 和 9.9%。中国中间产品制造业出口规模为 578 亿美元，在本国制造业出口占比为 36.1%，全球占比为 3.4%，出口规模约为美国的 1/4。

2014 年，中国成为中间产品制造业全球出口规模最大的国家，出口规模为 6 880 亿美元，比 2000 年增长 10.9 倍，在本国制造业出口占比为 43.7%，全球占比为 15%，增长 11.5%；之后为美国和德国，出口 4 413 亿美元和 4 375 亿美元，增长 1 倍和 1.6 倍。美国中间产品制造业出口在本国制造业出口占比增至 57.2%，德国小幅增至 50.8%。两国全球占比分别为 9.6% 和 9.5%，分别下降 3.6% 和 0.4%。在主要国家中，除中国、韩国外，其他国家中间产品制造业出口在全球占比均有所下降。

可以看出，中国中间产品制造业出口具有明显的规模优势，由于在本国制造业出口中所占比重显著上升，因此，出口结构逐渐优化。

（2）进口

2000~2014年，主要国家中间产品进口规模及其变化主要表现，见表2-36。

表2-36　　　　　2000~2014年主要国家制造业中间产品真实进口规模　　　　单位：亿美元

年份	中国	德国	法国	英国	意大利	日本	韩国	美国	全球
2000	804	1 287	1 008	827	603	844	563	2 814	16 831
2001	860	1 272	976	833	589	748	505	2 606	16 202
2002	1 020	1 214	1 003	866	616	726	546	2 596	16 977
2003	1 392	1 483	1 157	957	724	835	634	2 764	19 681
2004	1 809	1 747	1 414	1 118	850	1 035	760	3 274	23 780
2005	2 046	1 884	1 518	1 154	910	1 157	810	3 682	26 278
2006	2 330	2 188	1 601	1 264	1 036	1 277	905	4 044	29 721
2007	2 985	2 737	1 854	1 510	1 213	1 402	1 041	4 166	34 793
2008	3 182	2 927	1 994	1 475	1 261	1 592	1 290	4 305	38 340
2009	2 959	2 190	1 602	1 217	986	1 187	1 072	3 159	30 880
2010	3 832	2 459	1 649	1 367	1 226	1 499	1 396	3 864	36 791
2011	4 494	2 888	1 890	1 553	1 390	1 766	1 808	4 515	43 138
2012	4 590	2 581	1 777	1 527	1 191	1 756	1 774	4 678	42 872
2013	5 105	2 908	1 809	1 469	1 244	1 722	1 701	5 115	44 986
2014	4 882	2 901	1 838	1 563	1 271	1 861	1 675	5 432	45 998

资料来源：笔者根据WIOD数据计算而得。

2000年，美国是中间产品制造业全球进口规模最大的国家，进口规模为2 814亿美元，占本国制造业进口的42.5%，占全球的16.7%；之后为德国，为1 287亿美元，本国占比为50.7%，全球占比为7.6%；中国进口规模为804亿美元，本国占比为67.8%，全球占比为4.8%。

2014年，美国仍然是中间产品制造业全球进口规模最大的国家，

第二章 制造业全球价值链嵌入的市场优势

进口规模为5 432亿美元，比2000年增长0.9倍，在本国制造业进口占比上升到47.8%，全球占比下降为11.8%，减少4.9%；之后是中国，进口规模为4 882亿美元，增长5.1倍，本国占比为65.6%，全球占比为10.6%，增加6.0%。在主要国家中，中国中间产品制造业进口全球占比上升最为显著，韩国全球占比也有小幅增长，其他主要国家中间产品制造业进口全球占比则有所下降。

可以看出，美国中间产品制造业进口一直具有明显的规模优势，中国进口规模优势不断增强。同时，中国、韩国中间产品制造业进口在本国制造业进口中占比具有显著优势，表明在全球价值链嵌入过程中，这两个国家中间产品制造业发展具有典型的加工贸易特征。

（3）贸易差额

美国、法国一直是中间产品制造业的贸易逆差国，美国贸易逆差规模最大。德国、日本、意大利一直是顺差国。此外，中国由逆差国转变为顺差国，英国则由顺差国转变为逆差国。

2000年，美国中间产品制造业贸易逆差规模为594亿美元；日本为最大贸易顺差国，为999亿美元；德国贸易顺差规模第二，为382亿美元；中国贸易逆差规模为226亿美元。

2014年，美国仍为贸易逆差规模最大的国家，为1 019亿美元，增长0.7倍；中国成为贸易顺差规模最大的国家，顺差达1 998亿美元；德国仍为第二大贸易顺差国，贸易顺差规模上升到1 474亿美元，增长2.9倍；日本虽处于顺差地位，其贸易顺差规模为944亿美元，与2000年基本持平。

可以看出，在中间产品制造业全球价值链的嵌入过程中，中国无论出口还是进口均已具备较强的规模优势，出口规模优势尤为突出。并且，中国、韩国拥有明显强于其他主要国家的进口结构优势。美国在进口规模方面一直具有绝对优势，但其优势明显削弱。

2. 市场优势

2000~2014年，所有主要国家中间产品制造业的市场优势/劣势与其最终产品的市场优势/劣势表现大体相反，见表2-37。

表2-37　　2000~2014年主要国家中间产品制造业市场优势

年份	中国	德国	法国	英国	意大利	日本	韩国	美国
2000	-0.16	0.13	-0.09	0.05	0.11	0.37	0.05	-0.12
2001	-0.17	0.13	-0.08	0.04	0.13	0.36	0.03	-0.12
2002	-0.15	0.21	-0.07	0.02	0.13	0.38	0.02	-0.13
2003	-0.16	0.21	-0.06	0.03	0.14	0.36	0.02	-0.15
2004	-0.12	0.21	-0.09	0.02	0.16	0.35	0.07	-0.18
2005	-0.06	0.21	-0.11	0.03	0.15	0.32	0.08	-0.19
2006	0.01	0.19	-0.09	0.02	0.13	0.29	0.07	-0.17
2007	0.00	0.17	-0.09	-0.02	0.14	0.30	0.10	-0.13
2008	0.08	0.18	-0.08	-0.01	0.16	0.26	0.03	-0.10
2009	0.01	0.20	-0.11	-0.08	0.14	0.32	0.06	0.00
2010	0.03	0.20	-0.16	0.07	0.32	0.04	-0.03	
2011	0.06	0.18	-0.14	-0.15	0.07	0.27	0.00	-0.04
2012	0.08	0.21	-0.14	-0.16	0.13	0.26	0.03	-0.05
2013	0.09	0.19	-0.13	-0.12	0.13	0.25	0.10	-0.09
2014	0.17	0.20	-0.13	-0.15	0.13	0.20	0.12	-0.10

资料来源：笔者根据WIOD数据计算整理而得。

美国一直在全球中间产品制造业拥有绝对的市场优势，之后是英国和日本。

中国一直拥有绝对的市场劣势；之后是韩国，也一直处于市场劣势地位。同样一直处于市场劣势的国家，还有法国、德国和意大利。

第三章 制造业全球价值链嵌入的网络优势

第一节 制造业全球价值链嵌入的网络整体特征

一、网络整体特征指标

各国在全球价值链中的关联通过贸易体现,即各国通过进口、出口形成以国家为节点,以出口国为始点、进口国为终点的有向全球生产网络。设 n 为节点国家数,节点、边的集合分别为 $V=\{v_n\}$ 和 $E=\{e_{ij}\}$;n 为节点国家数,m 为存在贸易关系的节点国家数;$W=[w_{ij}]$ 为贸易权重矩阵,w_{ij} 是 i 国对 j 国增加值出口与矩阵最大值的比重,有 $w_{ij}\in[0,1]$,代表 i 国对 j 国的有效出口规模。$A=[a_{ij}]$ 为邻接矩阵,当 $a_{ij}=1$ 时,表示 i 国对 j 国增加值出口大于均值,i、j 两国存在有效贸易关系[①];i 国对 j 国增加值出口小于均值时,则有 $a_{ij}=0$。

全球生产网络的整体特征,可以通过网络密度指数、网络最短路径指数和网络集聚度指数具体刻画。

1. 网络密度指数

网络密度指数指,全球生产网络中各节点国家贸易关联的疏密程

---

① 下文网络特征中的贸易规模均指有效贸易规模,贸易伙伴及关系均指有效贸易伙伴及有效贸易关系。

度，是各国总贸易关联数与全球生产网络完备贸易关联数之比，其公式可具体表示为：

$$D = \frac{m}{n(n-1)} \quad (3-1)$$

在式（3-1）中，D 为网络密度指数，取值范围为 [0, 1]。D 值越大，表明各国在全球生产网络中的贸易关联越紧密。

2. 网络最短路径指数

网络最短路径指数指，全球生产网络中一国与其他国家之间贸易连通所需的最少中间贸易次数。其公式为：

$$L = \frac{2}{n(n-1)} \sum_{i \geq j} d_{ij} \quad (3-2)$$

在式（3-2）中，L 为网络最短路径指数，d_{ij} 为 i 国与 j 国发生贸易关联所需要经历的最少边数。路径长度越短，表明全球生产网络中各国之间贸易连通性越强。

3. 网络集聚度指数

网络集聚度指数指，全球生产网络中各国贸易关联的集聚程度，通过网络中与某一节点国家相连的其余节点国家之间贸易关联性进行衡量。参照汪小帆（2012）的加权网络集聚系数，其公式为：

$$C = \frac{1}{s_i(k_i - 1)} \sum_{j,k} \frac{w_{ij} + w_{ik}}{2} a_{ij} a_{ik} a_{jk} \quad (3-3)$$

在式（3-3）中，C 为网络集聚度指数，$s_i = \sum w_{ij}$，k_i 表示网络中与 i 国相邻的总节点国家数，a_{ij}、a_{ik}、a_{jk} 为邻接矩阵 A 对应值，w_{ij}、w_{ik} 为权重矩阵 W 对应值。

C 值越大，表明全球生产网络中各国贸易集聚效应越明显。

二、制造业全球价值链嵌入的网络整体特征

1. 网络整体特征

2000~2014 年，制造业全球生产网络中的国家关系数由 383 增长到

434，增长13.3%，见图3-1，表明各国之间发生的贸易关联数增多，制造业全球价值链嵌入范围不断扩大。

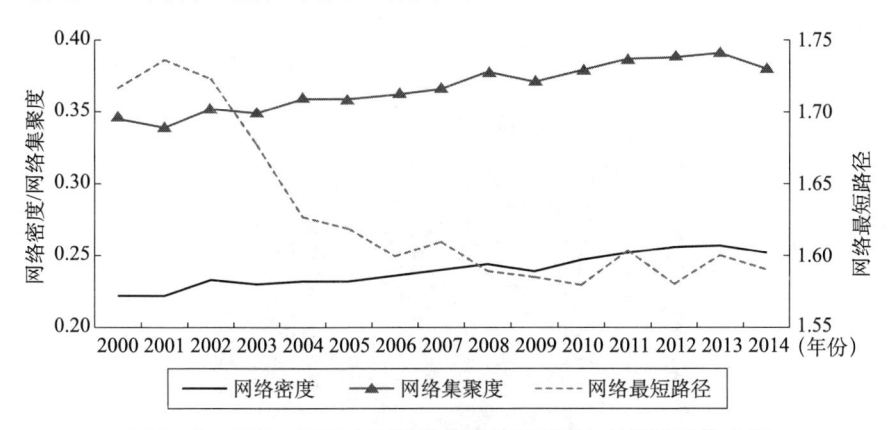

图3-1 2000~2014年制造业全球价值链嵌入的网络整体特征

资料来源：笔者根据WIOD数据计算绘制而得。

（1）网络密度指数。制造业全球价值链嵌入的网络密度指数由2000年的0.22上升到2014年的0.25，增长13.5%，显示出各国在全球生产网络中的贸易关联愈发紧密。

（2）网络最短路径指数。制造业全球价值链嵌入最短路径指数由1.72下降到1.59，降低7.3%。这表明，全球生产网络中国家之间发生贸易关联的平均距离有所缩短，网络连通性增强。其中，2003年、2004年网络最短路径下降趋势尤为明显。

（3）网络集聚度指数。制造业全球价值链嵌入网络集聚度指数由0.35上升到0.38，增长10.1%，显示出各国在全球生产网络中通过贸易形成的集聚效应明显增强。

可以得出，2000~2014年，制造业网络的网络密度和网络集聚度均呈上升趋势，网络最短路径则明显缩短。这些表明，各国在全球生产网络中贸易关联的紧密性、集聚性及连通性均有所增强。

2. 拓扑结构

通过对比2000年、2014年制造业全球价值链嵌入的网络拓扑结构

（见图3-2），同样可以看出制造业网络整体特征发生以下明显变化。

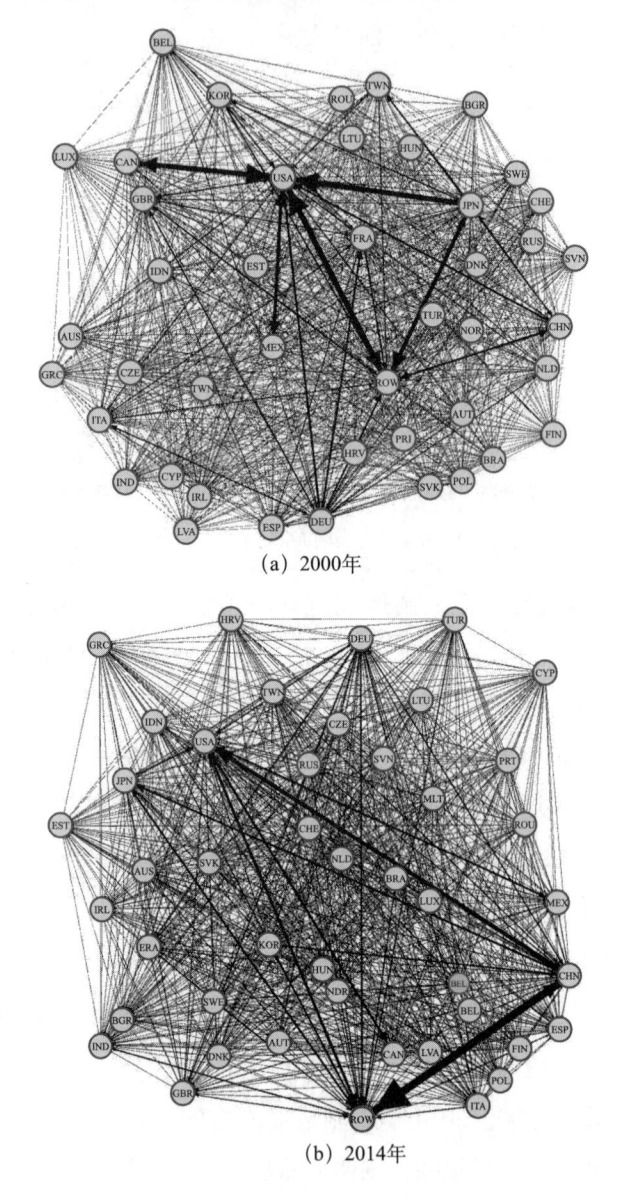

(a) 2000年

(b) 2014年

图3-2　2000年、2014年制造业网络拓扑结构

注：线的粗细，表示全球生产网络中的贸易权重，线条越粗表示贸易权重越大。

资料来源：笔者根据WIOD数据进行计算，并应用Gephi软件绘制而得。

(1) 各节点国家之间边数量明显增多、线条加粗，表明各国所嵌入的制造业全球生产网络更加稠密，各节点国家之间的贸易关联更为紧密，贸易规模也显著扩大。

(2) 作为全球制造业的主要生产国及贸易国，美国、中国、日本、德国是全球生产网络的重要节点，在全球价值链及生产网络嵌入过程中，这些国家之间的贸易关联明显加强。

第二节 制造业全球价值链嵌入的网络优势

一、网络个体特征指标

一国在全球价值链嵌入的网络个体特征，可以通过网络中心度指数、网络强度指数和网络自由度指数具体刻画。

1. 网络中心度指数

网络中心度指数指，一国在全球生产网络所处的中心程度，可以用与该国存在直接贸易关系的有效贸易伙伴国数量衡量，体现出该国对网络中其他国家的影响力。根据贸易流向，网络中心度指数可以分为出口中心度指数和进口中心度指数，其公式分别表示为：

$$CE_i^{ex} = \sum_j a_{ij} \qquad (3-4)$$

$$CE_i^{im} = \sum_i a_{ij} \qquad (3-5)$$

在式 (3-4) 和式 (3-5) 中，CE^{ex}、CE^{im} 分别表示出口中心度指数和进口中心度指数。

2. 网络强度指数

网络强度指数指，一国与全球生产网络中贸易伙伴国之间的贸易规模，用来反映一国在全球生产网络中贸易关联的强弱，根据贸易流向，网络强度指数可以分为出口强度指数和进口强度指数，公式分别表示为：

$$ST_i^{ex} = \sum_j w_{ij} \qquad (3-6)$$

$$ST_i^{im} = \sum_i w_{ij} \qquad (3-7)$$

在式（3-6）和式（3-7）中，ST^{ex}、ST^{im} 分别表示出口强度指数和进口强度指数。

3. 网络自由度指数

网络自由度指数指，一国在全球生产网络中与其贸易伙伴进行贸易的自由程度，可以具体通过以下三个指标衡量：

（1）差异度指数。用来反映一国在全球生产网络中贸易伙伴关系的分布特征。其具体公式为：

$$DS_i = \frac{n-1}{n-2}\left(\sum_j \frac{w_{ij}}{W_i} - 1\right) \qquad (3-8)$$

在式（3-8）中，DS 为差异度指数，$W_i = \sum_j w_{ij}$，该指数越接近 1，表明该国贸易伙伴关系分布越集中；该指数越接近 0，表明该国贸易伙伴关系越均匀。

一般认为，贸易伙伴关系分布越均匀，一国在全球生产网络中的自由程度越高。

（2）非冗余度指数。指一国在全球生产网络中贸易伙伴的非冗余程度。公式可表示为：

$$NA_i = \sum_j \left(1 - \sum_q p_{iq} m_{jq}\right)^2, q \neq i,j \qquad (3-9)$$

在式（3-9）中，NA 为非冗余度指数，p_{iq} 表示 i 国与 q 国贸易所占比重，m_{jq} 为 j 国与 q 国贸易占 j 国和其他国家贸易最大额的比重。

NA 指数越高，显示该国在嵌入网络过程中的自由程度越高。

（3）限制度指数。指一国贸易在全球生产网络中受到限制的程度，即运用结构洞的能力。公式为：

$$CN_i = 1 - \left(p_{ij} + \sum_q p_{iq} m_{qj}\right)^2 \qquad (3-10)$$

在式（3-10）中，CN 为网络限制度指数，CN 指数越小，表明贸易所受限制越少，一国嵌入网络的自由程度越高。

二、制造业全球价值链嵌入的网络优势

以主要国家为例，通过衡量各国制造业在全球价值链嵌入过程中的网络个体特征，对其网络优势进行测算和比较。

1. 网络中心度指数

2000~2014 年，全球平均网络中心度指数由 9.1 增长到 10.3，增加 13.2%，见表 3-1，表明从总体上看，网络中各国有效贸易伙伴数量有所增加，见表 3-2。

表 3-1　　2000~2014 年制造业全球平均网络个体特征

年份	网络中心度指数	网络强度指数	网络自由度指数		
			差异度	非冗余度	限制度
2000	9.1	0.50	0.141	8.45	0.204
2001	9.1	0.53	0.132	8.63	0.199
2002	9.6	0.56	0.128	8.91	0.192
2003	9.4	0.62	0.127	8.77	0.194
2004	9.5	0.66	0.122	8.63	0.197
2005	9.5	0.68	0.120	8.53	0.199
2006	9.7	0.66	0.119	8.71	0.195
2007	9.8	0.65	0.116	8.71	0.194
2008	10.0	0.66	0.112	8.62	0.196
2009	9.8	0.59	0.114	8.65	0.199
2010	10.0	0.47	0.109	7.79	0.199
2011	10.3	0.56	0.109	8.77	0.190
2012	10.5	0.50	0.109	8.90	0.188
2013	10.5	0.50	0.111	8.96	0.186
2014	10.3	0.47	0.111	9.00	0.187

资料来源：笔者根据 WIOD 数据计算整理而得。

表 3–2　　　　2000~2014 年主要国家制造业网络中心度指数

年份	中国 出口中心度指数	中国 进口中心度指数	德国 出口中心度指数	德国 进口中心度指数	法国 出口中心度指数	法国 进口中心度指数	英国 出口中心度指数	英国 进口中心度指数	意大利 出口中心度指数	意大利 进口中心度指数	日本 出口中心度指数	日本 进口中心度指数	韩国 出口中心度指数	韩国 进口中心度指数	美国 出口中心度指数	美国 进口中心度指数
2000	7	8	12	38	9	36	11	38	9	31	10	18	8	7	10	39
2001	7	10	13	38	9	35	11	39	7	30	10	19	8	7	9	40
2002	9	13	13	38	9	34	11	39	10	33	10	19	8	7	10	40
2003	10	15	13	38	9	36	11	36	9	33	8	18	8	8	10	41
2004	10	16	13	38	10	35	11	37	10	32	10	17	8	7	10	40
2005	10	16	14	38	10	33	11	39	10	30	9	16	8	7	10	40
2006	12	16	14	38	9	32	11	38	11	31	9	15	7	7	11	38
2007	11	18	14	39	9	34	11	40	12	31	9	15	7	8	11	37
2008	12	21	14	39	10	33	12	38	12	30	10	14	7	10	11	34
2009	12	23	14	38	10	34	11	38	12	32	10	14	8	9	11	31
2010	13	24	14	38	10	34	12	38	11	31	9	15	10	9	11	34
2011	13	24	15	38	12	34	14	36	11	32	9	15	10	9	11	34
2012	13	27	14	37	12	32	14	36	11	29	9	16	9	10	11	38
2013	14	27	14	38	11	33	14	33	11	30	9	16	9	10	11	34
2014	14	27	14	37	11	32	13	35	10	31	9	16	9	10	11	37

资料来源：笔者根据 WIOD 数据计算整理而得。

通过对比 2000 年和 2014 年主要国家制造业网络中心度指数，可以看出：

（1）2000 年，欧美主要国家出口中心度指数和进口中心度指数均较高，出口中心度指数远远低于进口中心度指数。这表明，这些国家不仅拥有数量众多的有效贸易伙伴，进而位于制造业全球生产网络的中心，并且，其进口有效贸易伙伴数量明显多于出口有效贸易伙伴数量。

在各主要国家中，2000 年德国出口中心度指数最高，[①] 美国进口中心度指数最高，位居全球第一。相比之下，中国、韩国进口中心度指数与出口中心度指数相当。并且，两国网络中心度指数远低于主要发达国

[①] 各国制造业在全球生产网络中的网络中心度指数、网络强度指数和网络自由度指数的比较，是在 8 个主要国家之间进行的，排名则为 WIOD 所列 42 个国家中的排名。

第三章 制造业全球价值链嵌入的网络优势

家,进口方面差距尤为明显。

(2) 2014年,在主要国家中,中国出口中心度指数最高,美国、德国进口中心度指数并列全球第一。从2000~2014年各国网络中心度指数的总体变化看,除日本之外的所有主要发达国家出口中心度指数均有所增加。同时,所有主要发达国家进口中心度指数有所下降。

相比之下,中国出口中心度指数和进口中心度指数均呈现大幅增长,与发达国家差距明显缩小,表明中国迅速向全球生产网络中心靠拢。

2. 网络强度指数

2000~2014年,全球平均网络强度指数由0.50上升到2005年的峰值0.68,而后,下降到0.47,见表3-1。这表明,与网络中贸易规模最大的国家相比,大部分国家制造业贸易规模差距先是有所缩小,而后明显拉大。

表3-3　　　　2000~2014年主要国家制造业网络强度指数

年份	中国 出口强度指数	中国 进口强度指数	德国 出口强度指数	德国 进口强度指数	法国 出口强度指数	法国 进口强度指数	英国 出口强度指数	英国 进口强度指数
2000	1.06	0.63	2.75	2.14	1.36	1.52	1.34	1.41
2001	1.23	0.77	3.06	2.24	1.45	1.60	1.38	1.53
2002	1.47	0.94	3.35	2.24	1.55	1.69	1.40	1.62
2003	1.88	1.28	3.89	2.61	1.72	1.89	1.51	1.71
2004	2.28	1.52	4.11	2.71	1.77	1.99	1.55	1.78
2005	2.81	1.56	4.10	2.74	1.73	1.99	1.54	1.76
2006	3.07	1.58	3.96	2.71	1.62	1.85	1.45	1.65
2007	3.30	1.62	4.10	2.83	1.57	1.86	1.35	1.64
2008	3.63	1.68	4.10	2.81	1.59	1.87	1.29	1.52
2009	3.50	1.85	3.59	2.49	1.33	1.67	0.97	1.34
2010	3.64	1.89	3.21	2.12	1.08	1.33	0.77	1.22
2011	3.89	1.92	3.38	2.19	1.07	1.37	0.80	1.20
2012	3.65	1.66	2.88	1.78	0.90	1.14	0.67	1.08
2013	3.79	1.67	2.93	1.90	0.92	1.14	0.57	1.04
2014	3.70	1.61	2.76	1.74	0.85	1.05	0.59	1.05

续表

年份	意大利 出口强度指数	意大利 进口强度指数	日本 出口强度指数	日本 进口强度指数	韩国 出口强度指数	韩国 进口强度指数	美国 出口强度指数	美国 进口强度指数
2000	1.28	0.96	2.30	1.23	0.75	0.62	3.02	4.89
2001	1.40	1.03	2.17	1.22	0.74	0.59	3.04	5.00
2002	1.48	1.12	2.23	1.19	0.80	0.66	2.88	5.23
2003	1.67	1.27	2.32	1.31	0.91	0.71	2.88	5.30
2004	1.73	1.32	2.44	1.36	1.06	0.76	2.81	5.38
2005	1.70	1.28	2.42	1.43	1.08	0.79	2.94	5.54
2006	1.61	1.25	2.22	1.31	1.01	0.78	2.90	5.29
2007	1.64	1.24	2.01	1.21	0.96	0.76	2.79	4.73
2008	1.63	1.21	1.96	1.23	0.97	0.83	2.79	4.41
2009	1.37	1.04	1.68	1.15	0.99	0.77	2.72	3.91
2010	1.19	0.97	1.75	1.10	1.00	0.78	2.51	3.78
2011	1.22	0.96	1.71	1.18	1.05	0.89	2.53	3.80
2012	1.06	0.74	1.49	1.10	0.96	0.79	2.33	3.68
2013	1.06	0.73	1.36	1.06	1.00	0.75	2.31	3.62
2014	1.00	0.68	1.21	1.02	0.92	0.68	2.15	3.49

资料来源：笔者根据WIOD数据计算整理而得。

通过对比2000年和2014年主要国家制造业网络强度指数（见表3-3），可以看出：

(1) 2000年，从主要国家制造业全球生产网络出口强度指数和进口强度指数看，美国均为全球最高，德国均为第二，韩国网络出口强度指数和进口强度指数在所有主要国家中均为最低，中国稍高于韩国。

(2) 2014年，中国成为制造业全球生产网络出口强度指数第一的国家，德国位居第二。从进口强度指数看，美国仍然为全球第一，德国、中国分列第二位和第三位。从变化趋势看，主要发达国家进口强度指数、出口强度指数大多呈下降趋势；中国则快速增长，出口强度指数增长尤为突出；韩国进口强度指数、出口强度指数也有小幅增长。

第三章 制造业全球价值链嵌入的网络优势

3. 网络自由度指数

（1）差异度指数。

2000~2014年，全球生产网络的平均差异度指数由0.141下降到0.111，下降21.3%，表明从总体上看，各国贸易伙伴关系分布越来越均匀，见表3-4。其中，欧洲主要国家制造业差异度贸易伙伴分布普遍较小，主要原因是欧盟区域经济一体化程度较高，内部贸易比重大，区域内贸易伙伴关系较为均等。

表3-4　　　　2000~2014年主要国家制造业网络自由度指数

年份	中国 差异度指数	中国 非冗余度指数	中国 限制度指数	德国 差异度指数	德国 非冗余度指数	德国 限制度指数	法国 差异度指数	法国 非冗余度指数	法国 限制度指数	英国 差异度指数	英国 非冗余度指数	英国 限制度指数
2000	0.167	5.767	0.214	0.044	28.340	0.117	0.066	26.178	0.122	0.064	29.153	0.117
2001	0.158	6.412	0.205	0.042	28.529	0.116	0.066	25.409	0.123	0.066	30.280	0.114
2002	0.159	9.091	0.175	0.041	28.137	0.114	0.062	24.174	0.123	0.062	29.860	0.113
2003	0.149	11.340	0.162	0.038	28.245	0.114	0.062	26.133	0.119	0.059	26.926	0.117
2004	0.138	10.192	0.166	0.036	28.098	0.115	0.062	24.978	0.121	0.058	27.865	0.116
2005	0.138	10.269	0.165	0.034	28.212	0.114	0.059	24.012	0.123	0.058	30.020	0.112
2006	0.127	11.482	0.162	0.032	28.038	0.113	0.057	22.061	0.126	0.060	28.959	0.112
2007	0.109	10.845	0.159	0.030	28.906	0.112	0.058	23.826	0.123	0.055	29.837	0.111
2008	0.093	13.515	0.148	0.028	28.726	0.111	0.053	22.930	0.122	0.053	27.720	0.112
2009	0.099	13.909	0.147	0.029	27.863	0.113	0.053	23.872	0.122	0.055	28.041	0.112
2010	0.092	16.311	0.137	0.029	27.442	0.114	0.055	24.307	0.121	0.050	28.640	0.111
2011	0.085	15.662	0.140	0.029	27.377	0.112	0.053	24.196	0.119	0.047	25.740	0.112
2012	0.094	18.100	0.132	0.030	26.333	0.114	0.051	22.159	0.123	0.048	26.420	0.112
2013	0.088	18.659	0.128	0.029	27.067	0.113	0.056	22.955	0.121	0.049	23.740	0.115
2014	0.091	18.817	0.129	0.031	26.380	0.113	0.053	22.256	0.123	0.047	25.438	0.116

年份	意大利 差异度指数	意大利 非冗余度指数	意大利 限制度指数	日本 差异度指数	日本 非冗余度指数	日本 限制度指数	韩国 差异度指数	韩国 非冗余度指数	韩国 限制度指数	美国 差异度指数	美国 非冗余度指数	美国 限制度指数
2000	0.066	23.962	0.125	0.201	12.161	0.165	0.143	5.500	0.246	0.101	30.082	0.111
2001	0.060	22.919	0.127	0.191	12.897	0.160	0.145	5.333	0.243	0.099	30.969	0.110
2002	0.056	25.679	0.119	0.190	13.224	0.156	0.139	4.967	0.238	0.103	30.590	0.109

85

续表

年份	意大利 差异度指数	意大利 非冗余度指数	意大利 限制度指数	日本 差异度指数	日本 非冗余度指数	日本 限制度指数	韩国 差异度指数	韩国 非冗余度指数	韩国 限制度指数	美国 差异度指数	美国 非冗余度指数	美国 限制度指数
2003	0.055	25.679	0.118	0.159	11.423	0.164	0.132	6.281	0.216	0.107	31.706	0.107
2004	0.054	23.869	0.121	0.141	12.056	0.165	0.133	5.033	0.236	0.103	30.530	0.109
2005	0.053	21.925	0.127	0.140	11.240	0.170	0.128	4.533	0.232	0.104	30.520	0.108
2006	0.051	22.655	0.125	0.146	10.938	0.173	0.126	3.786	0.256	0.104	28.765	0.110
2007	0.049	22.640	0.124	0.132	10.604	0.176	0.129	5.033	0.220	0.099	27.719	0.113
2008	0.047	21.345	0.127	0.123	10.458	0.178	0.128	6.353	0.203	0.094	24.567	0.118
2009	0.047	22.512	0.124	0.143	10.500	0.185	0.157	5.529	0.226	0.094	21.976	0.123
2010	0.045	22.060	0.125	0.148	9.854	0.181	0.155	5.342	0.226	0.103	24.409	0.118
2011	0.045	22.965	0.121	0.137	10.420	0.172	0.160	5.368	0.219	0.098	24.114	0.117
2012	0.049	20.825	0.128	0.139	10.280	0.171	0.160	5.395	0.219	0.107	27.521	0.111
2013	0.052	21.829	0.124	0.139	9.942	0.172	0.160	6.789	0.195	0.104	23.822	0.117
2014	0.050	22.976	0.122	0.150	10.320	0.172	0.173	5.583	0.217	0.104	27.063	0.111

资料来源：笔者根据 WIOD 数据计算整理而得。

通过对比 2000 年、2014 年主要国家制造业网络差异度指数，可以看出：

2000 年，差异度指数最低的国家是德国，日本、中国、韩国明显高于欧美发达国家。① 这表明，东亚国家虽然地理相近，但是，区域经济一体化发展滞后，贸易流向及贸易伙伴关系比较集中。因此，网络差异度指数高。

2014 年，德国网络差异度指数仍为最低，并且，是全球网络差异度指数最低的国家；网络差异度指数最高的是韩国。从变化趋势看，除美国以外，其他主要国家差异度指数均出现下降，表明大部分主要国家贸易伙伴关系结构有所优化，中国表现最为突出；日本、韩国网络差异

---

① 在网络自由度指数的衡量指标中，差异度指数和限制度指数越高，表现出的网络自由程度越低；反之，差异度指数和限制度指数越低，表现出的网络自由程度越高。因此，各国差异度指数和限制度指数排名顺序按照数值从小到大进行。

度指数仍然较高。

(2) 非冗余度指数

2000~2014年,全球平均非冗余度指数由8.45上升到9.00,增长6.5%。

从主要国家制造业非冗余度指数表现,可以看出:

美欧主要国家非冗余度指数普遍较高,其中,美国非冗余度指数为全球最高,中国和韩国较低。同时,主要发达国家非冗余度指数均呈下降趋势;中国非冗余度指数则快速上升,与这些发达国家之间差距逐渐缩小;韩国非冗余度指数微弱上升。

(3) 限制度指数

2000~2014年,全球平均限制度指数由0.204下降到0.187,下降8.3%,表明各国贸易受到其他国家的限制程度有所下降,网络自由度指数有所提升。其中,欧美发达国家限制度指数较低,在全球生产网络中运用结构洞能力较强;中国和韩国的限制度指数则较高。

通过对比2000年和2014年主要国家制造业限制度指数,可以看出:

2000年,美国限制度指数最低,同时,美国也是主要国家中限制度指数最低的国家;韩国则在主要国家中限制度指数最高。2014年,美国限制度指数仍为全球最低;韩国最高;中国限制度指数虽然仍高于欧美主要国家,但下降幅度较大,明显低于日本和韩国。

总的来看,欧美主要国家网络自由度表现较为相似,且变化较小。其中,美国网络自由度指数最高,东亚国家处于明显劣势。其中,韩国、日本网络自由度指数劣势愈发突出,中国则由劣势转变为优势。

根据各主要国家制造业嵌入特征的42个国家排名,构建网络图,见图 3-3，全面考察主要国家的网络个体特征及网络优势。可以看出，2000~2014 年，各国网络特征、网络地位及变化存在较大差异。

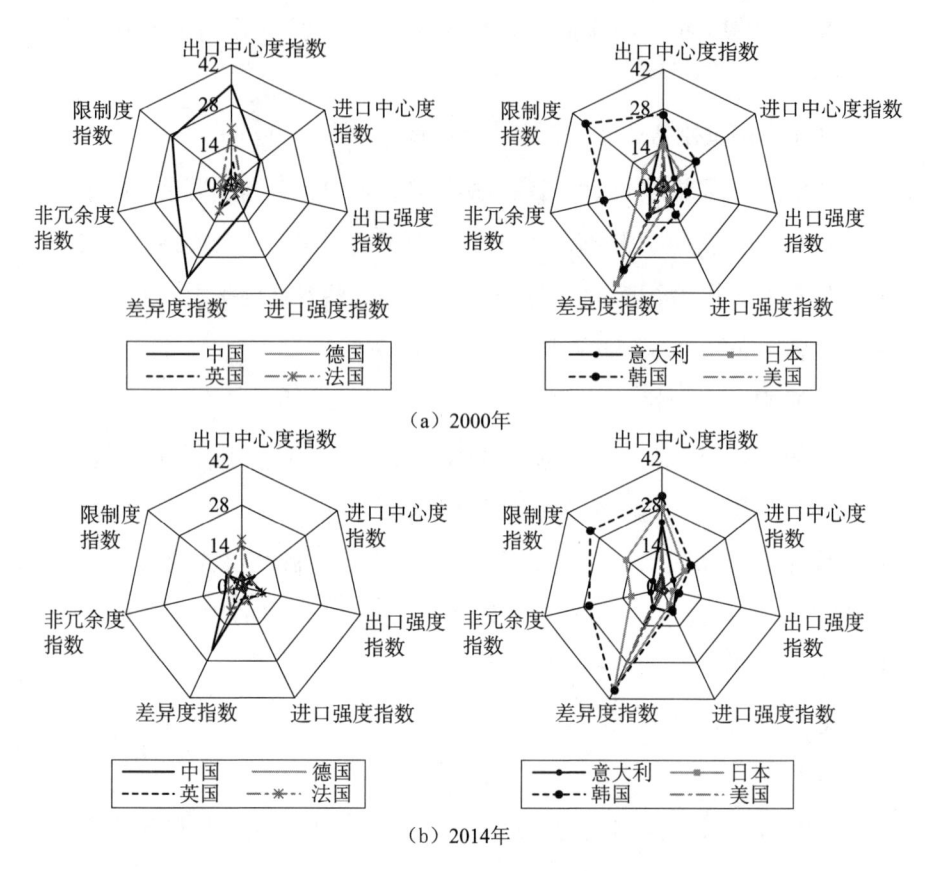

(a) 2000年

(b) 2014年

图 3-3　2000 年、2014 年主要国家制造业网络个体特征网络图

资料来源：笔者根据 WIOD 数据计算绘制而得。

（1）中国是唯一所有网络个体特征在 42 个国家排名中均明显上升的国家，其中，上升最快的是出口中心度指数，之后是限制度指数、非冗余度指数和差异度指数。2014 年，除差异度指数以外，中国其他网络个体特征排名均已居全球前列，出口强度指数已经位居全球第一。因此，中国在制造业全球价值链嵌入过程中，从明显的网络劣势转变为拥有较强的网络优势。

(2) 美国大部分网络个体特征排名位于全球前列,其中,进口中心度指数、进口强度指数、非冗余度指数和限制度指数均位居全球第一。然而,出口中心度指数和差异度指数排名下降十分明显。这表明,美国在制造业全球价值链嵌入过程中的网络优势有所削弱。

(3) 德国始终处于制造业全球生产网络核心,所有网络个体特征排名均位于全球前列,其中,进口中心度指数、差异度指数排名全球第一。这意味着,德国在制造业全球网络中一直拥有十分突出的优势。

(4) 与欧美发达国家不同,日本除了进口强度指数、出口强度指数排名居全球前列之外,其他网络个体特征排名均较为落后。并且,其大部分网络个体特征排名有所下降。这表明,日本在制造业全球价值链嵌入过程中的网络优势下降,同时网络劣势没有改善。

此外,韩国网络个体特征排名在所有主要国家中均为最后,显示出韩国在制造业全球主要国家生产网络中居于全面劣势地位。

总的来看,中国在制造业全球价值链嵌入过程中的网络优势由"局部优势(进口中心度指数优势及进口强度指数优势、出口强度指数优势)+局部劣势(出口中心度指数劣势及网络自由度指数劣势)"转变为除差异度指数仍然处于劣势以外的接近全面网络优势;日本的网络优势则基本呈现全面削弱的态势,在8个制造业生产及贸易大国中处于绝对劣势;美国的网络优势尤其是出口网络中的局部优势,也有所削弱。

第三节 不同技术制造业全球价值链嵌入的网络优势

一、高技术制造业网络优势

1. 网络中心度指数

2000~2014年,主要国家高技术制造业平均网络中心度指数由8.4

增长到 10.1，增加 20.2%，低于制造业平均水平，见表 3-5。同时，主要国家高技术制造业网络中心度指数增长速度快于制造业平均水平。这表明，高技术制造业网络中心国家的有效贸易伙伴数量明显增加。

表 3-5　　2000～2014 年主要国家高技术制造业网络中心度指数

年份	中国 出口中心度指数	中国 进口中心度指数	德国 出口中心度指数	德国 进口中心度指数	法国 出口中心度指数	法国 进口中心度指数	英国 出口中心度指数	英国 进口中心度指数	意大利 出口中心度指数	意大利 进口中心度指数	日本 出口中心度指数	日本 进口中心度指数	韩国 出口中心度指数	韩国 进口中心度指数	美国 出口中心度指数	美国 进口中心度指数
2000	6	8	12	39	9	35	12	36	6	30	9	12	8	6	11	36
2001	8	13	12	39	7	34	11	35	8	27	10	13	7	7	10	36
2002	8	17	13	39	7	34	11	37	8	29	9	12	8	6	11	37
2003	8	21	13	39	8	35	10	34	9	29	8	11	10	7	11	37
2004	9	20	13	39	8	34	11	37	9	30	10	12	10	6	11	36
2005	9	21	14	39	9	35	11	38	11	28	10	11	11	8	10	35
2006	10	21	13	40	9	35	10	38	10	29	9	8	9	7	11	36
2007	10	21	13	40	8	35	12	38	10	28	9	8	7	6	11	33
2008	13	23	14	40	9	34	11	37	10	29	9	8	8	8	11	31
2009	12	25	14	41	9	33	10	35	10	29	10	8	8	7	10	31
2010	13	25	14	39	10	32	9	38	10	31	10	9	9	9	10	33
2011	14	26	13	40	11	33	12	35	11	28	10	7	8	9	10	33
2012	13	27	13	39	10	33	15	36	10	27	10	10	7	9	10	37
2013	14	29	13	39	10	34	11	25	10	9	10	9	10	36		
2014	14	28	12	37	10	34	12	37	10	26	9	10	6	8	10	36

资料来源：笔者根据 WIOD 数据计算整理而得。

通过对比 2000 年和 2014 年主要国家高技术制造业网络中心度指数，可以看出：

2000 年，德国、英国、美国等国家高技术制造业出口中心度指数和进口中心度指数均较高，出口中心度指数远远低于进口中心度指数。这表明，这些国家位于高技术制造业出口全球生产网络及进口全球生产网络的中心，并且，进口有效贸易伙伴数量明显多于出口有效贸易伙伴数量。

第三章 制造业全球价值链嵌入的网络优势

在各主要国家中，德国、英国高技术制造业出口中心度指数最高；德国进口中心度指数最高，且位居全球第一。相比之下，东亚的日本、中国、韩国进口中心度指数与出口中心度指数较低，且二者相差不大。

2014年，中国高技术制造业出口中心度指数最高，之后是德国和英国。进口中心度指数德国和英国并列全球第一，美国居第三位，中国位居全球第5位。

从各国网络中心度指数的变化看，中国增长幅度最大。其中，进口中心度指数从8增长到28，排名上升幅度最大，由全球42个国家中的第36位上升到第5位。这显示出中国迅速向高技术制造业全球生产网络中心靠拢，并且，已经成为其出口网络最中心的国家。

2. 网络强度指数

2000~2014年，全球高技术制造业平均网络强度指数从0.31增长到0.42，增加35.5%，低于制造业平均水平。同时，增长速度快于制造业平均水平。这表明，高技术制造业网络中心国家的有效贸易伙伴数量明显增加，见表3-6。

表3-6　2000~2014年主要国家高技术制造业网络强度指数

年份	中国 出口强度指数	中国 进口强度指数	德国 出口强度指数	德国 进口强度指数	法国 出口强度指数	法国 进口强度指数	英国 出口强度指数	英国 进口强度指数
2000	0.46	0.40	1.99	1.28	0.86	0.94	0.89	0.96
2001	0.59	0.59	2.51	1.50	1.02	1.10	1.02	1.14
2002	0.74	0.72	2.68	1.50	1.07	1.14	1.02	1.16
2003	1.16	1.13	3.55	2.02	1.33	1.42	1.22	1.37
2004	1.62	1.47	3.99	2.24	1.48	1.61	1.33	1.53
2005	2.04	1.52	4.08	2.31	1.47	1.66	1.35	1.48
2006	2.42	1.73	4.17	2.43	1.47	1.64	1.37	1.44
2007	3.17	2.13	5.24	3.02	1.67	1.96	1.45	1.75
2008	3.57	2.15	5.09	2.93	1.66	1.90	1.38	1.56
2009	3.41	2.26	4.15	2.49	1.26	1.62	0.98	1.26

续表

年份	中国 出口强度指数	中国 进口强度指数	德国 出口强度指数	德国 进口强度指数	法国 出口强度指数	法国 进口强度指数	英国 出口强度指数	英国 进口强度指数
2010	3.56	2.25	3.61	1.99	1.01	1.24	0.79	1.18
2011	3.69	2.28	3.84	1.97	0.97	1.24	0.81	1.13
2012	3.48	1.91	3.29	1.58	0.81	1.02	0.68	1.00
2013	3.63	1.89	3.34	1.65	0.85	1.01	0.58	1.01
2014	3.51	1.87	3.10	1.48	0.78	0.90	0.59	1.04

年份	意大利 出口强度指数	意大利 进口强度指数	日本 出口强度指数	日本 进口强度指数	韩国 出口强度指数	韩国 进口强度指数	美国 出口强度指数	美国 进口强度指数
2000	0.67	0.56	2.11	0.53	0.53	0.37	2.22	3.39
2001	0.80	0.68	2.14	0.57	0.56	0.34	2.42	3.78
2002	0.83	0.73	2.16	0.57	0.63	0.38	2.23	3.83
2003	1.07	0.92	2.56	0.72	0.88	0.48	2.53	4.34
2004	1.19	1.02	2.89	0.81	1.13	0.56	2.61	4.58
2005	1.22	1.02	2.89	0.88	1.19	0.59	2.78	4.76
2006	1.24	1.04	2.87	0.89	1.23	0.62	2.94	4.82
2007	1.51	1.21	3.09	0.97	1.41	0.68	3.38	5.11
2008	1.48	1.17	2.88	0.97	1.39	0.72	3.17	4.64
2009	1.17	0.98	2.21	0.88	1.35	0.66	2.96	3.95
2010	0.98	0.87	2.25	0.83	1.32	0.65	2.53	3.70
2011	0.98	0.82	2.21	0.87	1.35	0.72	2.47	3.70
2012	0.86	0.61	1.97	0.86	1.19	0.65	2.25	3.67
2013	0.88	0.58	1.77	0.85	1.27	0.63	2.17	3.60
2014	0.82	0.54	1.54	0.82	1.14	0.57	2.00	3.43

资料来源：笔者根据 WIOD 数据计算整理而得。

通过对比2000年和2014年主要国家高技术制造业网络强度指数可以看出：

2000年，美国出口强度指数、进口强度指数均为最高，日本出口强度指数第二，德国进口强度指数第二，中国、韩国出口强度指数和进口强度指数在所有主要国家中最低。

2014年，中国成为高技术制造业全球生产网络出口强度指数第一的国家，德国位居第二。从进口强度指数看，美国仍然为全球第一，中国、德国分别为第二和第三。

从变化趋势看，中国、德国、韩国进出口强度指数均有所上升，其中，中国上升速度最快，上升幅度最大。英国、日本、美国出口强度指数显著下降。

3. 网络自由度指数

（1）差异度指数

2000~2014年，高技术制造业全球平均差异度指数由0.114小幅下降到0.111，下降2.6%。这表明，各国贸易伙伴关系分布均匀性稍有上升。

通过对比2000年和2014年主要国家高技术制造业网络自由度指数（见表3-7），可以看出：

表3-7　2000~2014年主要国家高技术制造业网络自由度指数

年份	中国 差异度指数	中国 非冗余度指数	中国 限制度指数	德国 差异度指数	德国 非冗余度指数	德国 限制度指数	法国 差异度指数	法国 非冗余度指数	法国 限制度指数	英国 差异度指数	英国 非冗余度指数	英国 限制度指数
2000	0.097	5.393	0.219	0.038	29.588	0.117	0.055	25.409	0.127	0.052	26.948	0.119
2001	0.158	9.857	0.177	0.042	29.725	0.112	0.066	24.476	0.124	0.066	25.848	0.118
2002	0.159	13.300	0.155	0.041	29.481	0.113	0.062	24.415	0.124	0.062	28.542	0.116
2003	0.149	15.569	0.145	0.038	29.433	0.113	0.062	25.291	0.123	0.059	25.364	0.121
2004	0.138	13.621	0.154	0.036	29.087	0.112	0.062	23.988	0.122	0.058	27.083	0.115
2005	0.138	14.250	0.151	0.034	29.236	0.111	0.059	24.886	0.120	0.058	28.541	0.112
2006	0.127	14.790	0.148	0.032	30.047	0.111	0.057	25.136	0.119	0.060	28.510	0.112
2007	0.109	14.581	0.150	0.030	30.075	0.111	0.058	25.058	0.121	0.055	28.210	0.113
2008	0.093	15.458	0.142	0.028	29.806	0.111	0.053	23.849	0.116	0.053	26.771	0.115
2009	0.099	17.541	0.135	0.029	31.036	0.108	0.053	23.183	0.116	0.055	25.567	0.116
2010	0.092	18.118	0.132	0.029	28.594	0.111	0.055	21.845	0.124	0.050	28.794	0.110
2011	0.085	17.862	0.131	0.029	29.604	0.109	0.053	23.659	0.119	0.047	25.904	0.113
2012	0.094	19.513	0.130	0.030	28.587	0.111	0.051	22.651	0.123	0.048	27.049	0.112
2013	0.088	20.721	0.126	0.029	28.346	0.113	0.056	21.667	0.123	0.048	24.784	0.115
2014	0.091	19.833	0.127	0.031	26.439	0.114	0.053	22.455	0.118	0.047	27.561	0.111

续表

年份	意大利 差异度指数	意大利 非冗余度指数	意大利 限制度指数	日本 差异度指数	日本 非冗余度指数	日本 限制度指数	韩国 差异度指数	韩国 非冗余度指数	韩国 限制度指数	美国 差异度指数	美国 非冗余度指数	美国 限制度指数
2000	0.048	20.653	0.138	0.162	8.762	0.197	0.192	5.107	0.252	0.101	27.255	0.119
2001	0.060	20.357	0.133	0.191	9.239	0.186	0.145	5.179	0.243	0.099	27.120	0.116
2002	0.056	20.689	0.133	0.190	8.405	0.186	0.139	5.714	0.224	0.103	27.802	0.115
2003	0.055	20.974	0.132	0.159	6.263	0.206	0.132	7.265	0.207	0.107	27.740	0.116
2004	0.054	22.564	0.125	0.141	8.955	0.185	0.133	5.688	0.227	0.103	26.576	0.116
2005	0.053	20.590	0.129	0.140	8.071	0.187	0.128	7.105	0.193	0.104	25.889	0.117
2006	0.051	21.423	0.128	0.146	7.176	0.205	0.126	6.469	0.193	0.104	26.894	0.116
2007	0.049	20.342	0.133	0.132	6.118	0.221	0.129	4.500	0.234	0.099	24.307	0.122
2008	0.047	19.872	0.131	0.123	6.853	0.208	0.128	6.156	0.198	0.094	21.881	0.127
2009	0.047	21.385	0.127	0.143	7.176	0.201	0.157	6.000	0.205	0.094	22.268	0.124
2010	0.045	21.866	0.125	0.148	6.333	0.204	0.155	7.528	0.185	0.103	23.814	0.118
2011	0.045	20.051	0.129	0.137	6.176	0.209	0.160	6.147	0.198	0.098	23.512	0.119
2012	0.049	20.284	0.131	0.139	7.625	0.186	0.160	6.656	0.190	0.107	26.883	0.113
2013	0.052	18.194	0.133	0.139	6.553	0.201	0.160	6.471	0.197	0.104	25.870	0.115
2014	0.050	18.194	0.134	0.150	7.763	0.196	0.173	5.643	0.214	0.104	26.283	0.113

资料来源：笔者根据 WIOD 数据计算整理而得。

2000 年，高技术制造业差异度指数最低的国家是德国；中国、美国、日本、韩国明显高于欧洲发达国家，其中，韩国最高。这表明，东亚国家及美国高技术制造业贸易伙伴分布相对集中。

2014 年，各主要国家高技术制造业网络差异度指数排名变化不大，德国仍为最低，并且是全球差异度指数最低的国家，最高的仍是韩国。

从变化趋势看，大部分国家网络差异度指数总体上有所下降，显示出这些国家高技术制造业贸易伙伴关系结构有所优化。

（2）非冗余度指数

2000~2014 年，高技术制造业平均非冗余度指数由 7.862 上升到 9.291，增长 18.2%。

通过对比 2000 年和 2014 年主要国家高技术制造业网络非冗余度指

数,可以看出:

2000年,欧美主要国家高技术制造业非冗余度指数较高,并以德国为最高;中国指数较低,韩国指数最低。2014年,英国非冗余度指数最高;之后为德国、美国;日本较低,韩国最低。

从变化趋势看,大部分国家高技术制造业非冗余度指数呈现下降趋势;中国则快速上升,与这些发达国家之间差距逐渐缩小。

(3) 限制度指数

2000~2014年,高技术制造业全球平均限制度指数由0.209下降到0.181,下降13.4%。这表明,各国贸易受到其他国家的限制程度有所下降,网络自由度指数有所提升。其中,欧美发达国家限制度指数较低,在全球生产网络中运用结构洞能力较强;中国和韩国的限制度指数则较高。

通过对比2000年和2014年主要国家高技术制造业网络限制度指数,可以看出:

2000年,德国高技术制造业限制度指数最低;之后为美国和英国;日本、中国指数较高,韩国最高。2014年,英国限制度指数最低;之后为美国;日本较高,韩国最高。

从变化趋势看,大部分国家高技术制造业限制度指数呈现下降趋势;韩国下降速度较快,中国下降速度最快,与欧美发达国家之间差距明显缩小。这表明,中国高技术制造业在全球生产网络中运用结构洞能力大大增强。

总的来看,欧美主要国家高技术制造业网络自由度指数在全球处于明显优势地位。其中,德国、美国表现尤为突出;东亚国家则处于相对劣势,韩国、日本劣势尤为明显;中国劣势则不断削弱,与欧美发达国家之间差距显著缩小,并在全球网络中处于一定优势地位。

总的来看,欧美主要国家网络自由度表现较为相似,且变化较小。

其中，美国表现最好；东亚国家处于明显劣势。其中，韩国、日本网络自由度劣势愈发突出，中国则由网络自由度劣势转变为优势。

二、中技术制造业网络优势

1. 网络中心度指数

2000~2014年，全球中技术制造业平均网络中心度指数由9.2增长到9.8，表明其有效贸易伙伴数量有所增加，见表3-8。

表3-8 2000~2014年主要国家中技术制造业网络中心度指数

年份	中国 出口中心度指数	中国 进口中心度指数	德国 出口中心度指数	德国 进口中心度指数	法国 出口中心度指数	法国 进口中心度指数	英国 出口中心度指数	英国 进口中心度指数	意大利 出口中心度指数	意大利 进口中心度指数	日本 出口中心度指数	日本 进口中心度指数	韩国 出口中心度指数	韩国 进口中心度指数	美国 出口中心度指数	美国 进口中心度指数
2000	11	7	12	35	9	32	11	32	9	32	8	17	7	8	13	39
2001	11	8	12	35	9	31	12	33	9	28	9	15	6	8	11	40
2002	11	10	11	35	9	31	11	34	9	32	9	12	8	8	11	40
2003	12	14	12	35	8	32	10	30	11	31	8	12	7	9	10	39
2004	11	12	12	36	8	31	10	29	10	31	6	14	6	8	12	39
2005	10	10	12	36	9	31	9	31	9	31	7	11	6	8	12	40
2006	11	10	12	36	8	32	9	30	9	31	7	10	6	8	11	38
2007	12	10	12	37	8	31	9	32	11	30	7	10	6	8	11	36
2008	11	12	12	37	9	30	10	30	10	29	7	11	7	8	11	35
2009	12	18	13	36	10	30	8	30	12	28	7	11	6	9	12	33
2010	13	20	13	37	12	30	11	30	11	29	8	12	7	9	12	34
2011	12	17	14	37	11	30	11	28	9	30	8	12	6	11	11	34
2012	12	15	13	36	11	30	11	34	10	27	8	11	7	12	10	36
2013	13	19	14	37	11	30	12	23	9	26	8	11	8	12	11	36
2014	12	19	14	37	11	30	12	30	9	26	8	9	8	12	11	36

资料来源：笔者根据WIOD数据计算整理而得。

通过对比2000年和2014年主要国家中技术制造业网络中心度指数，可以看出：

2000年，美国中技术制造业出口中心度指数、进口中心度指数均居全球第一，之后为德国。德国出口中心度指数、进口中心度指数均为全球第二。并且，德国、美国、法国、英国出口中心度指数远远低于进口中心度指数。中国出口中心度指数在全球42个国家中位居第13，进口中心度指数位居全球第9。

2014年，德国中技术制造业出口中心度指数最高，之后是中国和英国。德国进口中心度指数全球第一，美国位居全球第二，中国跃居全球第7位。

从各国中技术制造业网络中心度指数的变化看，中国进口中心度指数、韩国进口中心度指数明显增长，中国增长尤为快速，意大利进口中心度指数、日本进口中心度指数则明显下降。

2. 网络强度指数

2000~2014年，全球中技术制造业平均网络强度指数由0.46增长到0.69，增加50.0%，表明中技术制造业网络中心国家平均贸易规模明显扩大，且扩大速度明显快于高技术制造业，见表3-9。

表3-9　　2000~2014年主要国家中技术制造业网络强度指数

年份	中国		德国		法国		英国	
	出口强度指数	进口强度指数	出口强度指数	进口强度指数	出口强度指数	进口强度指数	出口强度指数	进口强度指数
2000	0.79	0.72	2.51	2.07	1.35	1.41	1.30	0.94
2001	0.84	0.76	2.43	1.96	1.31	1.34	1.23	0.94
2002	0.96	0.90	2.57	1.76	1.31	1.36	1.14	0.96
2003	1.21	1.26	3.04	2.08	1.49	1.55	1.29	1.03
2004	1.46	1.37	3.12	2.15	1.49	1.58	1.30	1.03
2005	1.61	1.41	3.02	2.17	1.44	1.54	1.28	1.05
2006	1.76	1.35	3.02	2.28	1.38	1.49	1.21	1.07
2007	2.11	1.50	3.43	2.71	1.54	1.69	1.36	1.24
2008	2.57	1.58	3.57	2.85	1.60	1.77	1.31	1.22
2009	2.48	2.18	3.82	2.82	1.65	1.83	1.22	1.30
2010	2.65	2.07	3.36	2.53	1.28	1.49	0.91	1.16
2011	3.03	1.91	3.35	2.66	1.26	1.55	0.92	1.17

续表

年份	中国 出口强度指数	中国 进口强度指数	德国 出口强度指数	德国 进口强度指数	法国 出口强度指数	法国 进口强度指数	英国 出口强度指数	英国 进口强度指数
2012	3.00	1.78	3.07	2.37	1.12	1.42	0.81	1.18
2013	3.37	1.99	3.37	2.84	1.21	1.54	0.78	1.06
2014	3.71	1.96	3.54	2.93	1.25	1.58	0.89	1.20

年份	意大利 出口强度指数	意大利 进口强度指数	日本 出口强度指数	日本 进口强度指数	韩国 出口强度指数	韩国 进口强度指数	美国 出口强度指数	美国 进口强度指数
2000	1.09	0.97	1.68	1.10	0.59	0.79	2.36	3.68
2001	1.10	0.91	1.63	0.98	0.58	0.75	2.24	3.52
2002	1.11	0.94	1.59	0.91	0.56	0.77	2.04	3.53
2003	1.30	1.08	1.67	1.05	0.62	0.84	2.08	3.68
2004	1.35	1.11	1.69	1.09	0.71	0.89	2.08	3.87
2005	1.30	1.02	1.70	1.13	0.75	0.91	2.17	3.98
2006	1.27	1.07	1.54	1.07	0.72	0.91	2.20	4.02
2007	1.48	1.21	1.62	1.18	0.76	1.04	2.42	4.11
2008	1.50	1.21	1.71	1.27	0.82	1.25	2.75	4.21
2009	1.46	1.14	2.15	1.24	1.03	1.36	3.17	4.25
2010	1.28	1.12	2.06	1.28	1.01	1.32	3.05	4.09
2011	1.30	1.11	1.94	1.33	1.05	1.53	3.21	4.14
2012	1.23	0.95	1.74	1.21	1.06	1.41	3.17	4.21
2013	1.26	1.05	1.80	1.27	1.20	1.36	3.55	4.39
2014	1.32	1.05	1.75	1.35	1.26	1.38	3.62	4.69

资料来源：笔者根据 WIOD 数据计算整理而得。

通过对比 2000 年和 2014 年主要国家中技术制造业网络强度指数，可以看出：

2000 年，美国出口强度指数、进口强度指数均为全球最高；德国均为第二；中国出口强度指数和进口强度指数较低，韩国出口强度指数最低。

2014 年，中国成为中技术制造业全球生产网络出口强度指数第一的国家，美国、德国分列第二和第三。从进口强度指数看，美国仍然为全球第一,之后是德国。

从变化趋势看,中国、德国、美国、韩国中技术制造业网络出口强度指数、进口强度指数均明显上升,中国出口强度指数上升速度最快;英国出口强度指数有所下降。

3. 网络自由度指数

通过对比2000年、2014年主要国家中技术制造业网络自由度指数(见表3-10),可以看出:

表3-10　　2000~2014年主要国家中技术制造业网络自由度指数

年份	中国			德国			法国			英国		
	差异度指数	非冗余度指数	限制度指数	差异度指数	非冗余度指数	限制度指数	差异度指数	非冗余度指数	限制度指数	差异度指数	非冗余度指数	限制度指数
2000	0.12	6.83	0.213	0.04	25.30	0.121	0.07	22.95	0.128	0.06	22.78	0.122
2001	0.11	7.16	0.215	0.04	25.23	0.119	0.07	21.94	0.128	0.06	23.66	0.120
2002	0.11	8.69	0.199	0.03	25.13	0.120	0.06	21.13	0.131	0.06	24.30	0.118
2003	0.11	12.50	0.163	0.03	25.23	0.117	0.06	22.05	0.126	0.06	21.36	0.125
2004	0.11	9.87	0.181	0.03	26.10	0.116	0.06	21.13	0.129	0.06	20.32	0.128
2005	0.11	7.73	0.215	0.03	26.52	0.117	0.06	21.33	0.132	0.06	21.59	0.130
2006	0.10	8.71	0.207	0.03	26.38	0.116	0.07	22.28	0.129	0.07	20.80	0.128
2007	0.09	9.23	0.196	0.03	27.21	0.113	0.07	21.12	0.131	0.07	22.48	0.123
2008	0.09	8.39	0.197	0.03	27.30	0.112	0.07	20.31	0.131	0.07	21.86	0.121
2009	0.09	13.05	0.156	0.03	26.13	0.115	0.06	20.96	0.129	0.08	20.58	0.126
2010	0.08	15.80	0.142	0.03	26.95	0.113	0.06	21.83	0.125	0.07	21.66	0.121
2011	0.08	13.72	0.153	0.03	27.13	0.112	0.06	22.07	0.124	0.06	18.83	0.128
2012	0.08	14.18	0.150	0.03	26.80	0.113	0.06	21.82	0.125	0.06	24.86	0.113
2013	0.08	13.42	0.151	0.03	27.18	0.112	0.06	21.10	0.127	0.06	15.81	0.137
2014	0.08	13.52	0.152	0.03	27.02	0.112	0.06	20.82	0.128	0.05	21.80	0.119

年份	意大利			日本			韩国			美国		
	差异度指数	非冗余度指数	限制度指数	差异度指数	非冗余度指数	限制度指数	差异度指数	非冗余度指数	限制度指数	差异度指数	非冗余度指数	限制度指数
2000	0.06	22.67	0.125	0.14	11.92	0.164	0.16	5.33	0.276	0.11	29.78	0.109
2001	0.06	19.91	0.132	0.13	10.88	0.176	0.16	4.32	0.288	0.11	30.99	0.104

续表

年份	意大利 差异度指数	意大利 非冗余度指数	意大利 限制度指数	日本 差异度指数	日本 非冗余度指数	日本 限制度指数	韩国 差异度指数	韩国 非冗余度指数	韩国 限制度指数	美国 差异度指数	美国 非冗余度指数	美国 限制度指数
2002	0.06	23.72	0.121	0.14	9.41	0.189	0.16	5.09	0.274	0.11	30.77	0.105
2003	0.05	22.76	0.122	0.15	9.68	0.194	0.20	6.47	0.247	0.11	29.87	0.105
2004	0.06	22.62	0.122	0.15	10.38	0.177	0.22	4.25	0.282	0.10	29.90	0.104
2005	0.05	22.93	0.126	0.15	8.25	0.221	0.21	4.25	0.303	0.11	31.30	0.103
2006	0.05	22.70	0.126	0.16	7.32	0.235	0.20	4.36	0.297	0.11	29.16	0.106
2007	0.05	21.51	0.128	0.16	7.12	0.234	0.20	4.29	0.291	0.11	27.37	0.109
2008	0.05	20.65	0.130	0.16	7.50	0.221	0.19	4.17	0.291	0.10	26.41	0.110
2009	0.05	19.70	0.131	0.17	7.72	0.223	0.20	4.13	0.287	0.09	24.44	0.114
2010	0.06	20.44	0.129	0.17	7.65	0.211	0.20	4.94	0.266	0.10	25.07	0.113
2011	0.06	21.46	0.127	0.16	8.28	0.204	0.18	6.12	0.230	0.09	25.17	0.112
2012	0.06	18.64	0.135	0.16	7.18	0.217	0.17	7.37	0.214	0.10	26.60	0.111
2013	0.07	19.03	0.134	0.15	6.95	0.217	0.16	8.73	0.195	0.10	26.87	0.109
2014	0.07	17.63	0.140	0.15	5.47	0.246	0.15	8.73	0.199	0.11	26.75	0.110

资料来源：笔者根据 WIOD 数据计算整理而得。

（1）差异度指数

2000~2014年，中技术制造业全球平均差异度指数由0.155小幅下降到0.123，下降20.6%，表明各国贸易伙伴关系分布均匀程度明显上升。

通过对比2000年、2014年主要国家中技术制造业网络差异度指数，可以看出：

2000年，中技术制造业差异度指数最低的国家是德国，并且是全球最低；中国、日本、韩国明显高于欧美发达国家，其中，韩国最高，表明东亚国家中技术制造业贸易伙伴分布比较集中。

2014年，德国仍然是中技术制造业全球网络差异度指数最低的国家；日本、韩国指数最高。

从变化趋势看，中国中技术制造业网络差异度指数下降趋势十分明显，贸易伙伴关系结构显著优化；德国网络差异度指数也有所下降。

(2) 非冗余度指数

2000~2014年,中技术制造业全球平均非冗余度指数由8.011上升到8.497,增长6.1%。

通过对比2000年、2014年主要国家中技术制造业网络非冗余度指数,可以看出:

2000年,美国中技术制造业非冗余度指数最高;之后为德国;中国较低,韩国指数最低。2014年,德国非冗余度指数最高;之后为美国;韩国较低,日本最低。

从变化趋势看,除中国、德国、韩国以外,其他主要国家中技术制造业非冗余度指数有所下降,日本、意大利下降较快;中国则以较快速度上升,与欧美发达国家之间差距逐渐缩小。

(3) 限制度指数

2000~2014年,中技术制造业全球平均限制度指数由0.212下降到0.198,下降6.6%,表明各国贸易受到其他国家的限制程度下降,网络自由度有所提升。

通过对比2000年、2014年主要国家中技术制造业网络限制度指数,可以看出:

2000年,美国中技术制造业限制度指数最低;中国较高,韩国最高。2014年,美国限制度指数仍为最低;之后为德国;韩国较高,日本最高。

从变化趋势看,中国、韩国中技术制造业限制度指数呈现明显下降趋势,日本则以较快速度增长,欧美发达国家变化较小。

总的来看,欧美主要国家中技术制造业网络自由度指数在全球处于明显优势地位;日本、韩国等东亚国家则处于相对劣势;中国在中技术制造业全球网络中的自由度指数显著提升,与欧美发达国家之间差距不断缩小。

三、低技术制造业网络优势

1. 网络中心度指数

2000~2014 年,全球低技术制造业平均网络中心度指数由 8.7 增长到 9.5,表明其有效贸易伙伴数量有明显增加,见表 3-11。

表 3-11　　2000~2014 年主要国家低技术制造业网络中心度指数

年份	中国 出口中心度指数	中国 进口中心度指数	德国 出口中心度指数	德国 进口中心度指数	法国 出口中心度指数	法国 进口中心度指数	英国 出口中心度指数	英国 进口中心度指数	意大利 出口中心度指数	意大利 进口中心度指数	日本 出口中心度指数	日本 进口中心度指数	韩国 出口中心度指数	韩国 进口中心度指数	美国 出口中心度指数	美国 进口中心度指数
2000	8	6	9	38	9	37	9	38	10	31	7	21	9	6	7	37
2001	8	5	11	37	9	36	9	39	9	32	7	23	8	6	7	40
2002	8	6	12	38	9	36	10	38	9	32	7	21	8	7	8	40
2003	9	7	12	38	9	35	9	39	9	35	7	20	8	6	8	39
2004	10	8	12	38	9	35	9	38	9	33	6	21	8	6	8	38
2005	10	8	13	38	9	33	9	38	9	32	7	21	6	6	8	39
2006	10	9	12	37	9	33	9	38	9	32	7	20	6	6	8	33
2007	10	12	13	37	9	35	9	36	9	31	5	19	8	6	8	33
2008	11	13	13	36	10	34	8	37	9	31	5	18	5	6	8	32
2009	11	13	13	36	10	34	8	33	10	30	5	20	6	7	8	31
2010	10	18	14	36	11	31	9	35	11	31	5	19	6	7	9	30
2011	11	18	14	36	11	32	9	33	10	32	4	20	7	7	9	29
2012	9	21	14	36	11	31	12	34	10	31	5	19	5	7	7	30
2013	9	22	15	37	11	31	14	28	9	31	6	20	5	7	8	29
2014	9	22	15	36	10	32	12	33	9	29	6	20	5	7	8	30

资料来源:笔者根据 WIOD 数据计算整理而得。

通过对比 2000 年、2014 年主要国家网络中心度指数,可以看出:

2000 年,德国、英国低技术制造业进口中心度指数全球第一,之后为美国、法国。并且,这些国家低技术制造业进口中心度指数远高于出口中心度指数。中国出口中心度指数在 42 个国家中位于第 24 位,进口中心度指数位居15。

2014年，德国低技术制造业出口中心度指数、进口中心度指数均为全球最高，英国出口中心度指数、进口中心度指数均为全球第二位，中国出口中心度指数为第22位，进口中心度指数为第7位。

从各国低技术制造业网络中心度指数的变化看，中国进口中心度指数增长幅度最大，德国出口中心度指数增长也十分显著，韩国出口中心度指数、美国进口中心度指数则明显下降。

2. 网络强度指数

2000~2014年，全球低技术制造业平均网络强度指数由0.12增长到0.36，增加2.0倍，表明低技术制造业网络中心国家贸易规模增长最快，远快于高技术制造业和中技术制造业，见表3-12。

表3-12　　2000~2014年主要国家低技术制造业网络强度指数

年份	中国 出口强度指数	中国 进口强度指数	德国 出口强度指数	德国 进口强度指数	法国 出口强度指数	法国 进口强度指数	英国 出口强度指数	英国 进口强度指数
2000	1.55	0.05	0.73	0.35	0.00	0.42	0.00	0.33
2001	0.00	0.56	2.20	2.69	1.87	1.88	1.58	2.04
2002	1.97	0.38	1.65	1.78	1.07	1.31	0.88	1.42
2003	2.37	0.44	1.87	2.00	1.22	1.49	0.97	1.52
2004	2.49	0.48	1.88	1.93	1.15	1.47	0.94	1.51
2005	2.92	0.45	1.72	1.72	0.99	1.31	0.82	1.42
2006	2.96	0.42	1.56	1.52	0.87	1.13	0.71	1.26
2007	3.11	0.44	1.59	1.56	0.86	1.15	0.71	1.20
2008	3.49	0.56	1.83	1.72	0.88	1.31	0.74	1.24
2009	3.44	0.57	1.73	1.64	0.88	1.22	0.56	1.17
2010	3.51	0.64	1.56	1.45	0.74	1.00	0.42	1.00
2011	3.84	0.77	1.67	1.58	0.80	1.06	0.45	1.02
2012	3.63	0.79	1.42	1.30	0.69	0.90	0.39	0.91
2013	3.79	0.81	1.47	1.39	0.70	0.91	0.33	0.91
2014	3.75	0.78	1.43	1.34	0.67	0.89	0.36	0.89

续表

年份	意大利 出口强度指数	意大利 进口强度指数	日本 出口强度指数	日本 进口强度指数	韩国 出口强度指数	韩国 进口强度指数	美国 出口强度指数	美国 进口强度指数
2000	0.00	0.17	0.00	0.71	0.00	0.11	0.00	1.75
2001	2.94	1.24	0.56	1.71	0.93	0.45	3.55	3.58
2002	1.63	0.89	0.31	1.54	0.47	0.42	1.77	3.93
2003	1.79	1.02	0.29	1.65	0.44	0.43	1.77	4.08
2004	1.73	1.01	0.28	1.58	0.38	0.38	1.57	3.93
2005	1.49	0.91	0.26	1.44	0.30	0.35	1.48	3.70
2006	1.29	0.83	0.20	1.19	0.21	0.33	1.32	3.23
2007	1.29	0.81	0.19	1.07	0.17	0.33	1.25	2.89
2008	1.44	0.88	0.21	1.18	0.19	0.36	1.39	2.85
2009	1.27	0.80	0.20	1.18	0.20	0.34	1.41	2.66
2010	1.15	0.77	0.21	1.12	0.20	0.37	1.38	2.65
2011	1.21	0.80	0.20	1.28	0.23	0.43	1.40	2.63
2012	1.05	0.64	0.16	1.18	0.26	0.41	1.33	2.53
2013	1.08	0.65	0.15	1.12	0.24	0.40	1.35	2.57
2014	1.06	0.65	0.15	1.08	0.22	0.41	1.31	2.56

资料来源：笔者根据 WIOD 数据计算整理而得。

通过对比 2000 年、2014 年主要国家低技术制造业网络强度指数，可以看出：

2000 年，中国出口强度指数最高，之后为德国。美国进口强度指数最高，之后为日本。中国进口强度指数最低。

2014 年，中国成为低技术制造业全球生产网络出口强度指数第一的国家，德国、美国分列第二和第三。从进口强度指数看，美国仍然为全球第一，之后是德国。

从变化趋势看，几乎所有主要国家低技术制造业网络出口强度指数、网络进口强度指数均明显上升。其中，中国、美国网络出口强度指数上升最快。

3. 网络自由度指数

（1）差异度指数

2000~2014 年，低技术制造业全球平均差异度指数由 0.144 小幅下降到 0.120，下降 16.7%。表明各国贸易伙伴关系分布均匀程度也有一定上升。

通过对比 2000 年、2014 年主要国家低技术制造业网络差异度指数（见表 3-13），可以看出：

表 3-13　2000~2014 年主要国家低技术制造业网络自由度指数

年份	中国 差异度指数	中国 非冗余度指数	中国 限制度指数	德国 差异度指数	德国 非冗余度指数	德国 限制度指数	法国 差异度指数	法国 非冗余度指数	法国 限制度指数	英国 差异度指数	英国 非冗余度指数	英国 限制度指数
2000	0.20	5.64	0.219	0.11	29.34	0.115	0.06	27.53	0.122	0.05	28.50	0.119
2001	0.19	4.46	0.239	0.06	27.41	0.122	0.06	26.41	0.125	0.06	29.33	0.119
2002	0.18	4.75	0.227	0.04	28.44	0.120	0.06	26.36	0.124	0.05	28.38	0.119
2003	0.17	5.50	0.213	0.04	28.44	0.119	0.06	26.50	0.123	0.06	29.28	0.119
2004	0.16	6.58	0.202	0.04	28.16	0.117	0.06	26.14	0.122	0.06	27.98	0.118
2005	0.15	6.75	0.200	0.04	28.26	0.115	0.06	24.60	0.122	0.05	28.17	0.117
2006	0.14	7.29	0.198	0.03	27.37	0.118	0.06	24.93	0.122	0.07	28.60	0.115
2007	0.13	9.02	0.181	0.03	26.99	0.116	0.06	25.99	0.119	0.07	26.36	0.116
2008	0.11	10.85	0.165	0.03	26.03	0.116	0.06	26.03	0.120	0.06	27.52	0.114
2009	0.11	10.69	0.163	0.03	26.00	0.119	0.06	24.89	0.121	0.06	24.05	0.118
2010	0.11	11.79	0.155	0.03	26.32	0.117	0.05	24.19	0.124	0.05	26.58	0.116
2011	0.10	12.26	0.150	0.03	26.22	0.116	0.05	25.15	0.121	0.05	24.05	0.119
2012	0.11	12.98	0.150	0.03	26.11	0.116	0.05	24.06	0.122	0.05	25.70	0.115
2013	0.10	13.57	0.148	0.03	27.48	0.113	0.05	24.42	0.121	0.05	22.91	0.119
2014	0.10	13.52	0.148	0.03	26.22	0.115	0.05	24.58	0.119	0.05	23.79	0.116

年份	意大利 差异度指数	意大利 非冗余度指数	意大利 限制度指数	日本 差异度指数	日本 非冗余度指数	日本 限制度指数	韩国 差异度指数	韩国 非冗余度指数	韩国 限制度指数	美国 差异度指数	美国 非冗余度指数	美国 限制度指数
2000	0.07	26.46	0.119	0.17	14.54	0.148	0.16	5.73	0.236	0.14	29.57	0.111
2001	0.07	24.98	0.126	0.17	15.43	0.143	0.16	4.86	0.251	0.14	31.07	0.111
2002	0.06	24.94	0.124	0.17	14.34	0.149	0.16	4.00	0.238	0.13	30.74	0.111
2003	0.06	27.83	0.120	0.17	13.46	0.153	0.16	4.29	0.245	0.14	30.32	0.110
2004	0.06	25.63	0.120	0.17	14.43	0.146	0.16	4.29	0.244	0.14	29.03	0.110
2005	0.06	24.55	0.122	0.17	14.39	0.145	0.16	3.21	0.270	0.13	29.95	0.109

续表

年份	意大利 差异度指数	意大利 非冗余度指数	意大利 限制度指数	日本 差异度指数	日本 非冗余度指数	日本 限制度指数	韩国 差异度指数	韩国 非冗余度指数	韩国 限制度指数	美国 差异度指数	美国 非冗余度指数	美国 限制度指数
2006	0.05	24.70	0.123	0.18	13.56	0.152	0.16	3.21	0.272	0.14	24.60	0.119
2007	0.05	23.43	0.123	0.18	13.23	0.154	0.14	3.89	0.265	0.14	24.32	0.117
2008	0.05	23.30	0.124	0.18	12.39	0.158	0.13	2.82	0.292	0.14	23.44	0.120
2009	0.05	22.54	0.125	0.17	14.26	0.146	0.13	3.31	0.270	0.14	22.19	0.121
2010	0.05	23.62	0.123	0.18	13.63	0.156	0.13	3.23	0.276	0.15	21.78	0.123
2011	0.05	24.41	0.120	0.18	14.40	0.147	0.14	4.18	0.248	0.15	21.32	0.121
2012	0.05	24.33	0.121	0.20	13.48	0.157	0.14	3.00	0.275	0.15	21.47	0.123
2013	0.05	24.55	0.121	0.19	13.96	0.154	0.14	2.88	0.272	0.14	20.81	0.124
2014	0.05	23.28	0.123	0.19	14.25	0.148	0.16	3.21	0.267	0.14	21.65	0.120

资料来源：笔者根据 WIOD 数据计算整理而得。

2000 年，低技术制造业差异度指数最低的国家是英国；美国、韩国、日本、中国明显高于欧洲发达国家，表明这些国家低技术制造业贸易伙伴分布比较集中，其中，中国差异度指数最高。

2014 年，德国成为低技术制造业全球网络差异度指数最低的国家；美国、韩国指数较高，日本最高。

从变化趋势看，中国、德国低技术制造业网络差异度指数下降十分显著，贸易伙伴关系结构明显优化；其他国家总体变化不大。

（2）非冗余度指数

2000~2014 年，低技术制造业全球平均非冗余度指数由 8.845 上升到 8.866，增长 0.2%。

通过对比 2000 年、2014 年主要国家低技术制造业网络非冗余度指数，可以看出：

2000 年，美国低技术制造业非冗余度指数最高；之后为德国；韩国非冗余度指数较低，中国最低。2014 年，德国非冗余度指数最高，之后为法国，韩国最低。

从变化趋势看,除中国以外,其他主要国家,尤其是欧美国家低技术制造业非冗余度指数均呈现出较为显著的下降趋势,其中,美国下降速度最快;中国则以较快速度上升,与发达国家之间差距逐渐缩小。

(3) 限制度指数

2000~2014年,低技术制造业全球平均限制度指数由0.202下降到0.194,下降4.0%,表明各国贸易受到其他国家的限制程度有所下降,网络自由度指数有所提升。

通过对比2000年、2014年主要国家低技术制造业网络限制度指数,可以看出：

2000年,美国低技术制造业限制度指数最低;之后为德国;中国较高,韩国最高。2014年,德国限制度指数最低,之后为美国,韩国仍为最高。

从变化趋势看,中国低技术制造业限制度指数呈现非常明显的下降趋势,表明中国在全球网络中运用结构洞的能力显著增强,韩国则有所增长,欧美、日本等主要发达国家限制度指数变化较小。

欧美、日本等主要国家低技术制造业网络自由度指数在全球处于明显优势地位;韩国处于相对劣势;中国在低技术制造业全球价值链嵌入过程中的网络自由度指数显著提升,与欧美发达国家之间差距快速缩小。

总的来看,2000~2014年,不同技术制造业网络中心度指数、网络强度指数和网络自由度指数均得到不同程度提升。

从网络中心度指数看,2000年,中技术制造业网络中心度指数最高,各国拥有数量最多的有效贸易伙伴;高技术制造业网络中心度指数最低,有效贸易伙伴最少。2014年,中技术制造业网络中心度指数最高,有效贸易伙伴数量最多;高技术制造业网络中心度指数最低,拥有的有效贸易伙伴数量最少。由此可见,各国高技术制造业网络中心度指数提升最为迅速。

从网络强度指数看，2000年，中技术制造业网络强度指数最高，各国对外贸易规模最大；低技术制造业网络强度指数最低。2014年，仍然是中技术制造业网络强度指数最高。同时，低技术制造业网络强度指数提升速度最快，有效贸易伙伴规模增长最为迅速。

从网络自由度指数看，2000年，高技术制造业网络差异度指数最小，低技术制造业网络非冗余度指数最高，低技术制造业限制度指数最低。由此可见，不同技术制造业网络自由度指数的表现存在明显不同。2014年，高技术制造业网络差异度指数、网络非冗余度指数和网络限制度指数均为最小，表明高技术制造业网络自由度指数最高。并且，除了差异度指数以外，其网络非冗余度指数和网络限制度指数增长速度明显快于中技术制造业和低技术制造业。中技术制造业网络差异度指数增长最快，低技术制造业网络非冗余度指数和网络限制度指数增长最慢。

可以得出，2000~2014年，高技术制造业全球平均差异度指数最低，中技术制造业全球平均差异度指数最高。这表明，各国高技术制造业贸易伙伴关系分布最均匀，而中技术制造业贸易伙伴关系最为集中。同时，虽然不同技术制造业差异度指数均呈现下降趋势，中技术制造业下降幅度最大。因此，不同技术制造业各国贸易伙伴关系分布均匀性的差距逐渐缩小。

第四节　不同产品制造业全球价值链嵌入的网络优势

一、最终产品制造业网络优势

1. 网络中心度指数

2000~2014年，全球最终产品制造业平均网络中心度指数由8.5增

第三章 制造业全球价值链嵌入的网络优势

长到9.8,有效贸易伙伴数量有明显增加,见表3-14。

表3-14 2000~2014年主要国家最终产品制造业网络中心度指数

年份	中国出口中心度指数	中国进口中心度指数	德国出口中心度指数	德国进口中心度指数	法国出口中心度指数	法国进口中心度指数	英国出口中心度指数	英国进口中心度指数	意大利出口中心度指数	意大利进口中心度指数	日本出口中心度指数	日本进口中心度指数	韩国出口中心度指数	韩国进口中心度指数	美国出口中心度指数	美国进口中心度指数
2000	7	7	11	38	9	35	11	37	8	28	8	17	8	5	10	39
2001	8	8	12	38	9	34	9	37	8	29	7	18	7	6	9	40
2002	8	11	12	38	9	32	9	38	8	29	7	20	8	6	10	41
2003	9	13	12	38	9	34	9	36	10	27	8	17	10	8	9	41
2004	10	14	12	38	10	34	9	36	10	30	9	18	10	6	9	39
2005	10	14	12	38	10	32	11	37	10	29	8	19	11	6	9	39
2006	10	15	12	38	11	32	9	39	11	31	8	16	13	6	10	39
2007	10	15	13	39	11	34	9	38	9	30	8	14	13	6	10	37
2008	10	18	13	39	11	33	11	38	9	30	8	13	12	7	11	36
2009	10	19	12	39	11	33	12	37	9	30	8	15	9	7	10	34
2010	10	20	13	38	11	32	13	36	9	30	8	15	9	7	10	36
2011	9	21	14	40	11	32	13	36	9	29	8	15	9	7	10	36
2012	11	25	13	39	10	31	12	36	10	28	8	15	8	8	10	38
2013	11	26	14	39	11	32	13	35	9	29	8	14	9	8	10	36
2014	12	28	12	37	12	32	13	35	11	26	7	15	8	9	10	36

资料来源:笔者根据WIOD数据计算整理而得。

通过对比2000年、2014年主要国家网络中心度指数,可以看出:

2000年,德国、英国最终产品制造业出口中心度指数最高。美国进口中心度指数全球第一,之后为德国。并且,这些国家进口中心度指数远高于出口中心度指数。中国出口中心度指数在42个国家中位居第34,进口中心度位居第14。

2014年,英国最终产品制造业出口中心度指数居全球第一,中国、德国、法国位居全球第二。进口中心度指数全球最高的国家是德国,之后为美国。中国出口中心度指数、进口中心度指数均居全球第5。

从各国最终产品制造业网络中心度指数的变化看,中国出口中心

109

度指数、进口中心度指数增长均十分明显,进口中心度指数增长尤为突出。意大利出口中心度指数、韩国进口中心度指数增长也比较显著。

2. 网络强度指数

2000~2014 年,全球最终产品制造业平均网络强度指数由 0.41 下降到 0.33,减少 19.5%,表明嵌入最终产品制造业全球生产网络的中心国家贸易规模有所减少,见表 3-15。

表 3-15　　2000~2014 年主要国家最终产品制造业网络强度指数

年份	中国 出口强度指数	中国 进口强度指数	德国 出口强度指数	德国 进口强度指数	法国 出口强度指数	法国 进口强度指数	英国 出口强度指数	英国 进口强度指数
2000	1.16	0.35	2.24	1.68	1.12	1.06	1.03	1.20
2001	1.46	0.51	2.82	1.90	1.31	1.25	1.13	1.42
2002	1.65	0.61	2.85	1.85	1.34	1.28	1.11	1.42
2003	2.44	0.96	3.81	2.49	1.70	1.68	1.38	1.77
2004	2.72	1.04	3.76	2.39	1.64	1.59	1.31	1.72
2005	2.64	0.84	2.90	1.86	1.24	1.24	1.00	1.35
2006	2.70	0.82	2.68	1.72	1.11	1.14	0.89	1.20
2007	2.85	0.72	2.73	1.71	1.04	1.13	0.84	1.15
2008	3.13	0.81	2.83	1.76	1.10	1.19	0.84	1.10
2009	2.99	0.93	2.31	1.56	0.85	0.98	0.58	0.88
2010	3.01	1.05	2.07	1.27	0.69	0.77	0.47	0.81
2011	3.19	1.18	2.28	1.32	0.70	0.80	0.50	0.79
2012	3.04	1.01	1.92	1.06	0.59	0.65	0.43	0.72
2013	3.37	1.08	2.13	1.24	0.66	0.73	0.39	0.80
2014	3.27	1.08	2.05	1.18	0.63	0.68	0.41	0.84

年份	意大利 出口强度指数	意大利 进口强度指数	日本 出口强度指数	日本 进口强度指数	韩国 出口强度指数	韩国 进口强度指数	美国 出口强度指数	美国 进口强度指数
2000	1.11	0.76	1.91	1.09	0.60	0.32	2.29	4.56
2001	1.33	0.93	1.90	1.23	0.66	0.35	2.51	5.13
2002	1.34	0.96	1.91	1.12	0.70	0.37	2.20	5.15

续表

年份	意大利 出口强度指数	意大利 进口强度指数	日本 出口强度指数	日本 进口强度指数	韩国 出口强度指数	韩国 进口强度指数	美国 出口强度指数	美国 进口强度指数
2003	1.74	1.27	2.26	1.42	0.93	0.47	2.56	6.03
2004	1.61	1.23	2.21	1.29	0.97	0.49	2.25	5.54
2005	1.22	0.91	1.68	1.06	0.74	0.40	1.83	4.41
2006	1.10	0.86	1.49	0.91	0.65	0.39	1.76	4.01
2007	1.10	0.82	1.28	0.80	0.54	0.36	1.73	3.56
2008	1.14	0.83	1.27	0.82	0.56	0.36	1.72	3.38
2009	0.91	0.63	0.90	0.78	0.59	0.32	1.53	2.96
2010	0.79	0.57	0.98	0.73	0.61	0.31	1.38	2.88
2011	0.81	0.55	1.00	0.83	0.65	0.35	1.45	2.90
2012	0.69	0.41	0.87	0.80	0.57	0.31	1.35	2.82
2013	0.77	0.44	0.82	0.85	0.61	0.33	1.47	2.89
2014	0.74	0.42	0.76	0.83	0.55	0.33	1.41	2.85

资料来源：笔者根据 WIOD 数据计算整理而得。

通过对比 2000 年、2014 年主要国家最终产品制造业网络强度指数，可以看出：

2000 年，美国出口强度指数、进口强度指数均为最高，之后为德国。韩国进口强度指数最低。并且，大部分国家出口强度指数大于进口强度指数；美国则相反，进口强度指数远大于出口强度指数。

2014 年，中国成为最终产品制造业网络出口强度指数第一的国家，德国位居第二。从进口强度指数看，美国仍然为全球第一，远高于其他国家；德国、中国分列第二和第三。

从变化趋势看，中国出口强度指数、进口强度指数均迅速上升；其他主要国家最终产品制造业网络出口强度指数、进口强度指数有所下降，其中，日本、美国出口强度指数下降幅度最大；美国进口强度指数下降最快。

3. 网络自由度指数

（1）差异度指数

2000~2014年，最终产品制造业全球平均差异度指数由0.154小幅下降到0.119，下降22.7%，表明各国贸易伙伴关系分布均匀程度有所下降。通过对比2000年、2014年主要国家最终产品制造业网络差异度指数（见表3-16），可以看出：

表3-16　　2000~2014年主要国家最终技术制造业网络自由度指数

年份	中国 差异度指数	中国 非冗余度指数	中国 限制度指数	德国 差异度指数	德国 非冗余度指数	德国 限制度指数	法国 差异度指数	法国 非冗余度指数	法国 限制度指数	英国 差异度指数	英国 非冗余度指数	英国 限制度指数
2000	0.20	5.39	0.219	0.05	29.59	0.117	0.06	25.41	0.127	0.06	26.95	0.119
2001	0.19	9.86	0.177	0.05	29.73	0.112	0.06	24.48	0.124	0.07	25.85	0.118
2002	0.19	13.30	0.155	0.05	29.48	0.113	0.06	24.42	0.124	0.07	28.54	0.116
2003	0.19	15.57	0.145	0.05	29.43	0.113	0.06	25.29	0.123	0.07	25.36	0.121
2004	0.17	13.62	0.154	0.04	29.09	0.112	0.06	23.99	0.122	0.06	27.08	0.115
2005	0.17	14.25	0.151	0.04	29.24	0.111	0.06	24.89	0.120	0.06	28.54	0.112
2006	0.16	14.79	0.148	0.04	30.05	0.111	0.05	25.14	0.119	0.06	28.51	0.112
2007	0.14	14.58	0.150	0.04	30.08	0.112	0.05	25.06	0.121	0.06	28.21	0.113
2008	0.12	15.46	0.142	0.03	29.81	0.110	0.05	23.85	0.121	0.05	26.77	0.115
2009	0.13	17.54	0.135	0.04	31.04	0.108	0.05	23.18	0.123	0.05	25.57	0.116
2010	0.13	18.12	0.132	0.04	28.59	0.111	0.06	21.85	0.119	0.05	28.79	0.110
2011	0.12	17.86	0.131	0.04	29.60	0.109	0.05	23.66	0.119	0.04	25.90	0.113
2012	0.13	19.51	0.130	0.04	28.59	0.111	0.06	22.65	0.123	0.05	27.05	0.112
2013	0.11	20.72	0.126	0.03	28.35	0.111	0.06	21.67	0.123	0.06	24.78	0.115
2014	0.11	19.83	0.127	0.04	26.44	0.114	0.05	24.46	0.118	0.05	27.56	0.111

年份	意大利 差异度指数	意大利 非冗余度指数	意大利 限制度指数	日本 差异度指数	日本 非冗余度指数	日本 限制度指数	韩国 差异度指数	韩国 非冗余度指数	韩国 限制度指数	美国 差异度指数	美国 非冗余度指数	美国 限制度指数
2000	0.07	20.65	0.138	0.28	8.76	0.197	0.18	5.11	0.252	0.12	27.26	0.119
2001	0.06	20.36	0.133	0.28	9.24	0.186	0.19	5.18	0.243	0.11	27.12	0.116
2002	0.06	20.69	0.133	0.28	8.41	0.186	0.18	5.71	0.224	0.11	27.80	0.115
2003	0.05	20.97	0.132	0.21	6.26	0.206	0.15	7.27	0.207	0.12	27.74	0.116

续表

年份	意大利 差异度指数	意大利 非冗余度指数	意大利 限制度指数	日本 差异度指数	日本 非冗余度指数	日本 限制度指数	韩国 差异度指数	韩国 非冗余度指数	韩国 限制度指数	美国 差异度指数	美国 非冗余度指数	美国 限制度指数
2004	0.05	22.56	0.125	0.17	8.96	0.185	0.13	5.69	0.227	0.12	26.58	0.116
2005	0.05	20.59	0.129	0.17	8.07	0.187	0.10	7.11	0.193	0.12	25.89	0.117
2006	0.05	21.42	0.128	0.18	7.18	0.205	0.09	6.47	0.193	0.12	26.89	0.116
2007	0.04	20.34	0.133	0.15	6.12	0.221	0.08	4.50	0.234	0.12	24.31	0.122
2008	0.04	19.87	0.131	0.16	6.85	0.208	0.08	6.16	0.198	0.11	21.88	0.127
2009	0.04	21.39	0.127	0.15	7.18	0.201	0.12	6.00	0.205	0.11	22.27	0.124
2010	0.04	21.87	0.125	0.16	6.33	0.204	0.13	7.53	0.185	0.12	23.81	0.118
2011	0.04	20.05	0.128	0.16	6.12	0.209	0.15	6.15	0.198	0.14	23.51	0.118
2012	0.04	20.28	0.131	0.17	7.63	0.186	0.15	6.66	0.190	0.13	26.88	0.113
2013	0.05	18.19	0.133	0.17	6.55	0.201	0.15	6.47	0.197	0.13	25.87	0.115
2014	0.05	18.19	0.134	0.18	7.76	0.196	0.15	5.64	0.214	0.12	26.28	0.113

资料来源：笔者根据 WIOD 数据计算整理而得。

2000 年，最终产品制造业差异度指数最低的国家是德国；韩国、中国、日本明显高于欧美国家，其中，以日本为最高，表明东亚国家，尤其日本最终产品制造业贸易伙伴分布比较集中。2014 年，德国仍然是最终产品制造业网络差异度指数最低的国家；韩国指数较高，日本最高。从变化趋势看，大部分国家最终产品制造业网络差异度指数有所下降，其中，中国、日本下降最为明显，表明这两个国家最终产品制造业贸易伙伴关系结构明显优化。

（2）非冗余度指数

2000~2014 年，最终产品制造业全球平均非冗余度指数由 7.862 上升到 9.291，增长 18.2%。

通过对比 2000 年、2014 年主要国家最终产品制造业网络非冗余度指数，可以看出：

2000 年，德国最终产品制造业非冗余度指数最高；之后为美国；日本、中国较低，韩国最低。2014 年，英国非冗余度指数最高，之后为德国和美国，韩国最低。

从变化趋势看，中国最终产品制造业非冗余度指数呈现出快速增长趋势，已经超过意大利的水平。德国、意大利非冗余度指数有所下降。

（3）限制度指数

2000~2014年，最终产品制造业全球平均限制度指数由0.209下降到0.181，下降13.4%，表明各国贸易受到其他国家的限制程度下降，网络自由度指数有所提升。

通过对比2000年、2014年主要国家最终产品制造业网络限制度指数，可以看出：

2000年，德国最终产品制造业限制度指数最低；之后是美国和英国；中国较高，韩国最高。2014年，英国限制度指数最低；之后为美国；日本较高，韩国仍为最高。

从变化趋势看，主要国家最终产品制造业限制度指数均存在不同程度的下降，中国下降速度最快，表明这些国家在全球生产网络中运用结构洞的能力均有所增强，中国表现最为突出。

总的来看，欧美主要国家最终产品制造业网络自由度指数在全球处于明显优势地位；韩国处于相对劣势；中国在最终产品制造业全球价值链嵌入的网络自由度指数显著提升，与欧美发达国家之间差距快速缩小。

二、中间产品制造业网络优势

1. 网络中心度指数

2000~2014年，全球中间产品制造业平均网络中心度指数由9.0增长到10.4，有效贸易伙伴数量有明显增加，见表3-17。

表3-17　2000~2014年主要国家中间产品制造业网络中心度指数

年份	中国 出口中心度指数	中国 进口中心度指数	德国 出口中心度指数	德国 进口中心度指数	法国 出口中心度指数	法国 进口中心度指数	英国 出口中心度指数	英国 进口中心度指数	意大利 出口中心度指数	意大利 进口中心度指数	日本 出口中心度指数	日本 进口中心度指数	韩国 出口中心度指数	韩国 进口中心度指数	美国 出口中心度指数	美国 进口中心度指数
2000	9	8	11	38	9	34	11	36	7	34	9	14	8	9	10	39
2001	11	9	11	38	8	35	11	38	8	32	9	12	8	8	9	40
2002	12	12	12	37	8	35	12	39	8	35	9	13	9	9	9	38
2003	10	14	14	37	8	35	12	36	9	35	9	15	9	9	9	38
2004	10	13	13	38	8	35	11	34	9	33	9	16	9	8	9	39
2005	11	14	14	38	9	34	11	35	9	32	8	15	8	8	10	39
2006	10	15	15	38	9	34	11	36	10	32	7	15	7	7	9	37
2007	13	19	15	38	9	34	12	36	10	31	7	14	7	8	9	33
2008	15	20	15	38	9	34	12	36	10	30	7	14	9	9	9	32
2009	13	23	15	38	10	34	12	35	10	30	9	17	7	9	11	29
2010	15	24	14	38	10	34	12	36	10	31	8	15	8	9	9	31
2011	15	23	15	38	11	34	12	33	10	31	9	14	9	11	9	33
2012	15	25	13	37	11	33	14	29	10	30	9	17	8	11	9	35
2013	14	24	13	37	10	34	15	28	11	30	7	16	8	12	9	34
2014	14	22	13	37	11	34	15	33	11	30	7	16	8	11	10	35

资料来源：笔者根据 WIOD 数据计算整理而得。

通过对比2000年、2014年主要国家网络中心度指数，可以看出：

2000年，德国、英国中间产品制造业出口中心度指数最高，居全球第7位。美国进口中心度指数全球第一，之后为德国。并且，这些国家进口中心度指数远高于出口中心度指数。中国出口中心度指数上升至第18位，进口中心度位居第14。

2014年，中国中间产品制造业出口中心度指数跃居全球第二，英国居第三位。德国进口中心度指数全球最高，之后为美国，中国位居全球第7。

从各国中间产品制造业网络中心度指数的变化看，中国出口中心度指数、进口中心度指数增长均最为显著，意大利出口中心度上升也相对较快。

可以看出，中间产品制造业网络中心度指数明显高于最终产品制造业。因而，从事中间产品制造业对外贸易的国家，普遍拥有数量更多的有效贸易伙伴。

2. 网络强度指数

2000~2014年，全球中间产品制造业平均网络强度指数由0.47上升到0.72，增长53.2%，表明嵌入中间产品制造业全球生产网络中心国家的贸易规模显著增加，见表3-18。

表3-18　　2000~2014年主要国家中间产品制造业网络强度指数

年份	中国 出口强度指数	中国 进口强度指数	德国 出口强度指数	德国 进口强度指数	法国 出口强度指数	法国 进口强度指数	英国 出口强度指数	英国 进口强度指数
2000	0.64	0.76	2.54	2.04	1.25	1.60	1.32	1.24
2001	0.71	0.86	2.62	2.08	1.27	1.59	1.33	1.30
2002	0.85	1.01	2.90	1.99	1.32	1.64	1.30	1.36
2003	1.11	1.41	3.45	2.38	1.51	1.83	1.43	1.43
2004	1.34	1.61	3.49	2.39	1.49	1.90	1.43	1.41
2005	1.61	1.64	3.48	2.42	1.44	1.90	1.41	1.36
2006	1.99	1.80	3.64	2.66	1.48	1.86	1.45	1.40
2007	2.49	2.28	4.36	3.28	1.68	2.14	1.53	1.66
2008	3.21	2.55	4.79	3.57	1.85	2.36	1.59	1.70
2009	3.34	3.12	5.02	3.56	1.88	2.52	1.46	1.84
2010	3.90	3.10	4.68	3.31	1.58	2.14	1.18	1.74
2011	4.59	3.10	5.03	3.60	1.64	2.28	1.26	1.84
2012	4.38	2.83	4.54	3.09	1.44	2.04	1.09	1.70
2013	4.62	2.81	4.48	3.18	1.42	1.93	0.93	1.49
2014	4.47	2.56	4.05	2.78	1.26	1.72	0.93	1.43

年份	意大利 出口强度指数	意大利 进口强度指数	日本 出口强度指数	日本 进口强度指数	韩国 出口强度指数	韩国 进口强度指数	美国 出口强度指数	美国 进口强度指数
2000	1.10	0.91	2.09	1.03	0.71	0.79	2.99	3.88
2001	1.16	0.91	1.95	0.95	0.66	0.70	2.90	3.75

续表

年份	意大利 出口强度指数	意大利 进口强度指数	日本 出口强度指数	日本 进口强度指数	韩国 出口强度指数	韩国 进口强度指数	美国 出口强度指数	美国 进口强度指数
2002	1.19	0.96	1.92	0.92	0.67	0.77	2.75	3.78
2003	1.39	1.10	2.07	1.05	0.77	0.84	2.80	3.92
2004	1.45	1.10	2.09	1.12	0.90	0.83	2.68	3.98
2005	1.43	1.09	2.09	1.15	0.94	0.86	2.79	4.11
2006	1.48	1.15	2.05	1.17	0.98	0.91	2.94	4.29
2007	1.73	1.33	2.24	1.30	1.17	1.03	3.18	4.39
2008	1.88	1.41	2.43	1.47	1.32	1.30	3.61	4.58
2009	1.85	1.52	2.73	1.51	1.49	1.44	4.28	4.52
2010	1.70	1.54	2.84	1.56	1.55	1.54	4.14	4.59
2011	1.84	1.61	2.88	1.69	1.68	1.87	4.31	4.93
2012	1.71	1.34	2.64	1.59	1.66	1.75	4.12	4.99
2013	1.64	1.29	2.42	1.48	1.75	1.56	3.97	5.03
2014	1.47	1.15	2.02	1.36	1.59	1.34	3.50	4.65

资料来源：笔者根据 WIOD 数据计算整理而得。

通过对比 2000 年、2014 年主要国家中间产品制造业网络强度指数，可以看出：

2000 年，美国出口强度指数、进口强度指数均为最高，之后为德国，中国、韩国最低。并且，德国、日本中间产品制造业出口强度指数明显大于进口强度指数，美国、法国进口强度指数则大于出口强度指数。

2014 年，中国成为中间产品制造业全球生产网络出口强度指数第一的国家，德国、美国分列第二和第三。从进口强度指数看，美国仍然为全球第一，远高于其他国家；德国、中国分列第二和第三。

从变化趋势看，中国、德国、美国、韩国出口强度指数及进口强度指数均呈现较快上升趋势。其中，中国上升最为迅速。

3. 网络自由度指数

（1）差异度指数

2000~2014 年，中间产品制造业全球平均差异度指数由 0.138 小幅下降到 0.112，下降 18.8%，表明各国贸易伙伴关系分布均匀程度明显上升。

通过对比 2000 年、2014 年主要国家中间产品制造业网络差异度指数（见表 3-19），可以看出：

表 3-19　　2000~2014 年主要国家中间产品制造业网络自由度指数

年份	中国 差异度指数	中国 非冗余度指数	中国 限制度指数	德国 差异度指数	德国 非冗余度指数	德国 限制度指数	法国 差异度指数	法国 非冗余度指数	法国 限制度指数	英国 差异度指数	英国 非冗余度指数	英国 限制度指数
2000	0.12	5.39	0.220	0.04	28.90	0.119	0.07	25.73	0.127	0.06	27.91	0.121
2001	0.11	5.69	0.204	0.04	28.59	0.119	0.07	25.58	0.126	0.07	28.59	0.119
2002	0.11	7.66	0.179	0.04	28.39	0.118	0.06	23.57	0.129	0.06	28.34	0.119
2003	0.10	8.93	0.177	0.04	28.50	0.117	0.06	25.12	0.124	0.06	26.47	0.122
2004	0.10	8.52	0.174	0.03	28.13	0.117	0.06	24.28	0.124	0.06	25.34	0.121
2005	0.09	8.60	0.173	0.03	28.36	0.115	0.06	23.25	0.127	0.06	27.42	0.117
2006	0.09	9.66	0.164	0.03	28.15	0.117	0.06	23.35	0.126	0.06	29.02	0.116
2007	0.07	9.46	0.165	0.03	28.96	0.113	0.06	24.60	0.123	0.06	27.80	0.116
2008	0.07	10.98	0.156	0.03	29.04	0.113	0.06	23.16	0.122	0.06	25.83	0.119
2009	0.06	11.64	0.154	0.03	29.04	0.112	0.06	23.86	0.122	0.06	27.16	0.114
2010	0.06	12.37	0.153	0.03	28.05	0.114	0.06	23.15	0.124	0.06	26.33	0.115
2011	0.06	12.27	0.155	0.03	30.04	0.111	0.06	23.00	0.125	0.06	27.00	0.115
2012	0.06	16.90	0.139	0.03	28.09	0.114	0.05	22.10	0.125	0.05	26.45	0.116
2013	0.07	16.99	0.136	0.03	28.09	0.114	0.06	23.01	0.124	0.05	24.95	0.119
2014	0.07	18.86	0.132	0.03	26.92	0.116	0.05	23.83	0.123	0.05	25.55	0.116

年份	意大利 差异度指数	意大利 非冗余度指数	意大利 限制度指数	日本 差异度指数	日本 非冗余度指数	日本 限制度指数	韩国 差异度指数	韩国 非冗余度指数	韩国 限制度指数	美国 差异度指数	美国 非冗余度指数	美国 限制度指数
2000	0.07	21.40	0.136	0.15	11.14	0.169	0.13	4.12	0.269	0.09	30.56	0.111
2001	0.06	22.09	0.133	0.14	12.00	0.167	0.14	4.15	0.268	0.09	31.30	0.110
2002	0.06	20.86	0.134	0.14	12.93	0.161	0.13	5.63	0.226	0.10	31.81	0.109
2003	0.06	22.03	0.132	0.14	10.08	0.172	0.16	7.75	0.201	0.10	32.01	0.108
2004	0.06	22.63	0.127	0.14	11.24	0.164	0.19	5.13	0.225	0.09	29.72	0.109
2005	0.06	21.68	0.129	0.14	11.44	0.161	0.19	6.09	0.207	0.10	29.65	0.110

第三章 制造业全球价值链嵌入的网络优势

续表

年份	意大利 差异度指数	意大利 非冗余度指数	意大利 限制度指数	日本 差异度指数	日本 非冗余度指数	日本 限制度指数	韩国 差异度指数	韩国 非冗余度指数	韩国 限制度指数	美国 差异度指数	美国 非冗余度指数	美国 限制度指数
2006	0.06	23.49	0.125	0.15	11.88	0.164	0.19	8.18	0.185	0.09	29.90	0.110
2007	0.06	21.33	0.128	0.15	10.32	0.172	0.20	8.47	0.186	0.09	27.75	0.112
2008	0.06	21.18	0.129	0.15	9.76	0.178	0.19	7.76	0.189	0.08	27.11	0.113
2009	0.05	21.28	0.127	0.16	10.20	0.172	0.21	7.50	0.200	0.09	25.02	0.117
2010	0.06	21.43	0.128	0.16	8.88	0.181	0.19	7.53	0.200	0.09	27.11	0.112
2011	0.06	21.43	0.128	0.15	9.87	0.174	0.17	5.38	0.223	0.09	26.75	0.114
2012	0.06	21.34	0.130	0.14	10.28	0.167	0.18	5.50	0.213	0.10	28.78	0.109
2013	0.06	19.38	0.134	0.13	9.34	0.176	0.17	5.50	0.216	0.09	26.87	0.112
2014	0.06	19.31	0.134	0.15	9.43	0.174	0.19	6.56	0.209	0.10	26.85	0.112

资料来源：笔者根据WIOD数据计算整理而得。

2000年，中间产品制造业差异度指数最低的国家是德国；韩国、中国、日本明显高于欧美国家，其中，日本最高，表明东亚国家中间产品制造业贸易伙伴分布比较集中。

2014年，英国是中间产品制造业网络差异度指数最低的国家；日本、韩国指数明显高于其他国家，并且韩国最高。

从变化趋势看，大部分国家中间产品制造业网络差异度指数总体呈下降趋势，其中，中国下降最为明显，韩国则有较大幅度增加，表明韩国中间产品制造业贸易伙伴关系结构不但没有优化，反而呈现出愈发集中的趋势。

（2）非冗余度指数

2000~2014年，中间产品制造业全球平均非冗余度指数由8.120上升到8.832，增长8.8%。

通过对比2000年、2014年主要国家中间产品制造业网络非冗余度指数，可以看出：

2000年，美国中间产品制造业非冗余度指数最高；之后为德国；

119

中国指数较低，韩国指数最低。2014年，德国非冗余度指数最高，之后为美国，韩国最低。

从变化趋势看，中国、韩国中间产品制造业非冗余度指数有所增长，中国增长速度最快，与欧美国家之间差距明显缩短。欧美、日本等发达国家中间产品制造业非冗余度指数则有所下降。

（3）限制度指数

2000~2014年，中间产品制造业全球平均限制度指数由0.212下降到0.190，下降10.4%，表明各国贸易受到其他国家的限制程度有所下降，网络自由度指数有所提升。

通过对比2000年、2014年主要国家中间产品制造业网络限制度指数，可以看出：

2000年，美国中间产品制造业限制度指数最低；之后是德国和英国；中国指数较高，韩国指数最高。2014年，美国限制度指数仍为最低；之后为德国和英国；日本指数较高，韩国指数仍为最高。

从变化趋势看，大部分主要国家中间产品制造业限制度指数有所下降，中国、韩国下降趋势尤为明显，表明这两个国家在中间产品制造业全球生产网络中运用结构洞的能力显著增强。

总的来看，欧美主要国家中间产品制造业网络自由度指数在全球处于明显优势地位；日本、韩国处于相对劣势；中国在中间产品制造业全球网络中的自由度指数显著提升，与欧美发达国家之间差距明显缩小。

2000~2014年，中间产品网络中心度指数、网络强度指数均高于最终产品，最终产品的网络自由度指数则总体高于中间产品。同时，最终产品网络自由度指数提升速度均明显高于中间产品。

第四章 制造业全球价值链嵌入位置与网络优势

第一节 制造业全球价值链嵌入位置

一、全球价值链嵌入位置指数

本章借鉴库普曼等（Koopman et al.，2010）构建的全球价值链位置指数，对一国位置全球价值链的位置进行测算和衡量，其公式为：

$$GPN\_PO = \ln\left(1 + \frac{IV}{E}\right) - \ln\left(1 + \frac{FV}{E}\right) \quad (4-1)$$

在式（4-1）中，GPN_PO 是全球价值链嵌入位置指数；IV 是出口国间接出口到第三国的中间产品价值，即一国总出口分解公式中的 DVA_INTrex；FV 是国外中间产品价值，即 FVA。

在嵌入全球价值链过程中处于网络上游的供应企业，尤其是提供核心零部件的企业获得了产品的大部分收益，因而在全球价值链嵌入过程中占据明显的优势地位。处于网络下游的企业尤其是位于生产终端的加工装配企业则由于获取收益能力及议价能力较差，在全球价值链上处于劣势，甚至面临"低端锁定"的困境。各国经济事实也证明，处于上游的国家拥有全球价值链嵌入位置优势，下游国家则处于劣势地位。GPN_PO 指数取值范围为 $[-\ln2, \ln2]$，除了两个极值以外，通过比较 IV 价值与 FV 价值大小，GPN_PO 指数取值可以分为以下两种情况。

(1) 当 $IV > FV$ 时，GPN_PO 指数为正，指数越大，表明一国总出口中包含的间接中间产品价值越大，其拥有的下游国家数量及网络层次越多。该国处于全球价值链的上游，出口收益能力往往较强，因而，在全球价值链中具有分工全球价值链嵌入位置优势。[①]

(2) 当 $IV < FV$ 时，GPN_PO 指数为负，指数越小，表明总出口中包含的国外增加值越多，该国在全球价值链中越处于下游且靠近生产终端。较为典型的是加工贸易，出口国通过进口零部件等中间产品，在国内完成组装环节、装配环节以后再出口到其他国家。由于国内增加值主要体现为加工费用，出口收益能力较弱，处于全球价值链嵌入分工位置的劣势。[②]

此外，如果有 $IV = FV$，有 $GPN\_PO = 0$，可以认为出口国位于全球价值链的中游。

二、制造业全球价值链嵌入位置

2000~2014 年，全球制造业 GPN_PO 指数主要在 -0.1~-0.08 区间，总体上呈现缓慢下降趋势（见表 4-1），表明大部分国家位于全球价值链的下游。

表 4-1　　　　2000~2014 年主要国家制造业全球价值链嵌入位置

年份	中国	德国	法国	英国	意大利	日本	韩国	美国	全球
2000	-0.068	-0.043	-0.071	-0.001	-0.023	0.056	-0.129	0.021	-0.082
2001	-0.062	-0.045	-0.067	0.005	-0.020	0.052	-0.128	0.028	-0.084
2002	-0.078	-0.029	-0.061	0.000	-0.016	0.045	-0.112	0.030	-0.080

---

① 如果有 $IV = 0$，且 FV 接近 E（$FV < E$），即出口国产品绝大部分由进口中间产品组成，同时，出口价值最终全部被进口国吸收，此时，$PAI \approx -\ln2 = -0.7$，出口国位于全球分工的最末端，处于绝对的全球价值链嵌入位置劣势。

② 如果 $IV = E$，且 $FV = 0$，即一国出口产品均为本国创造的中间产品，并且由进口国加工后全部出口至第三国。此时，$PAI = \ln2 \approx 0.7$，出口国位于全球分工的最上游，拥有绝对全球价值链嵌入位置优势。

第四章 制造业全球价值链嵌入位置与网络优势

续表

年份	中国	德国	法国	英国	意大利	日本	韩国	美国	全球
2003	-0.103	-0.033	-0.054	-0.003	-0.012	0.050	-0.115	0.028	-0.081
2004	-0.116	-0.036	-0.064	0.000	-0.006	0.050	-0.105	0.024	-0.083
2005	-0.115	-0.044	-0.077	-0.003	-0.016	0.039	-0.100	0.017	-0.089
2006	-0.102	-0.052	-0.078	-0.004	-0.026	0.027	-0.098	0.011	-0.093
2007	-0.099	-0.057	-0.067	-0.009	-0.023	0.026	-0.071	0.013	-0.083
2008	-0.075	-0.060	-0.075	-0.020	-0.021	0.009	-0.127	0.007	-0.088
2009	-0.061	-0.052	-0.061	-0.032	-0.020	0.050	-0.127	0.035	-0.084
2010	-0.064	-0.058	-0.076	-0.058	-0.042	0.029	-0.136	0.023	-0.092
2011	-0.053	-0.068	-0.083	-0.078	-0.045	0.014	-0.177	0.008	-0.096
2012	-0.050	-0.066	-0.082	-0.082	-0.032	0.010	-0.172	0.003	-0.097
2013	-0.041	-0.063	-0.071	-0.052	-0.030	-0.013	-0.145	0.009	-0.093
2014	-0.021	-0.057	-0.075	-0.036	-0.027	-0.033	-0.120	0.008	-0.093

资料来源：笔者根据WIOD数据计算整理而得。

从各国制造业全球价值链嵌入位置的雷达图中可以看出，越是位于雷达图中心的国家，越处于上游，全球价值链嵌入位置优势越强；相反，越是位于雷达图外围的国家，越处于下游位置，全球价值链嵌入劣势越强，见图4-1。各主要国家全球价值链嵌入位置及其优劣势表现为：

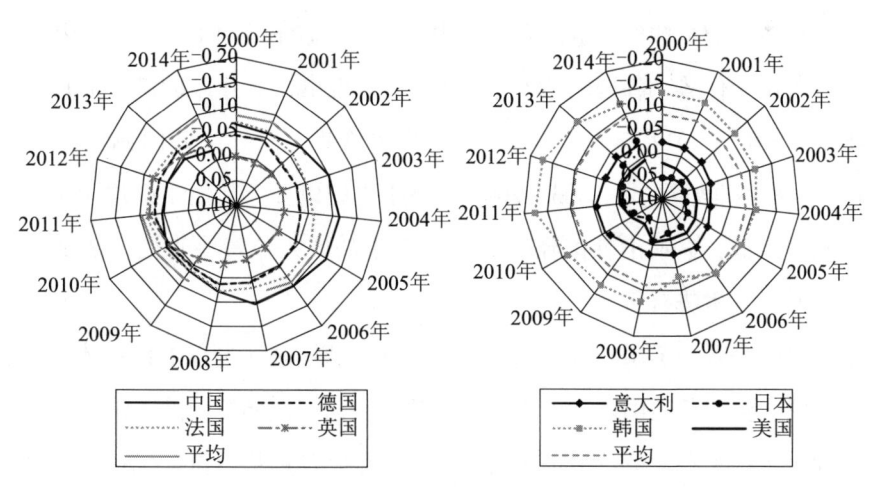

图 4-1 2000~2014年主要国家制造业全球价值链嵌入位置

资料来源：笔者根据WIOD数据计算绘制而得。

（1）日本和美国。这两个国家的 GPN_PO 指数总体上为正，高于其他主要国家，表明这两个国家位于制造业全球价值链及生产网络的最上游，拥有明显的位置优势。其中，美国的 GPN_PO 指数始终为正；日本的 GPN_PO 指数在2012年前在主要国家中最高，此后快速下降，并转为负值。

（2）其他主要国家。英国的 GPN_PO 指数在2008年之前比较稳定，仅低于美国、日本两国，金融危机之后以较快速度下降，2012～2014年又快速上升。德国、法国的 GPN_PO 指数数值、波动幅度及变化趋势比较相似，同时，均呈现向下游缓慢移动的趋势。并且，德国的 GPN_PO 指数略高于法国，表明相对于法国而言，德国在全球价值链嵌入过程中存在一定位置优势。

（3）中国和韩国。2008年前，中国、韩国两国的 GPN_PO 指数明显低于其他主要国家。[①] 金融危机之后，中国的 GPN_PO 指数保持较快且持续上升的势头，并超过大多数主要发达国家；2014年，中国的 GPN_PO 指数在主要国家中位居第二，接近于0，仅低于美国。表明中国在制造业的全球价值链嵌入位置由最初的下游不断向上游移动，并逐渐具备位置优势。韩国的 GPN_PO 指数呈现出先上升，2007年后快速下降，2011～2014年又逐渐上升的总体趋势。此外，韩国制造业的 GPN_PO 指数除了在2003～2007年高于中国以外，其他年份均为主要国家中最低，显示出韩国在全球价值链中的嵌入位置一直处于劣势地位，并且，劣势有所加强。

总的来看，美国、日本制造业在全球价值链嵌入过程中，总体上处于位置优势，其他国家则处于相对劣势地位。与此同时，除中国以外的其他主要国家在全球价值链中均呈现向下游移动趋势，位置优势逐渐削

[①] 2000年、2001年中国的 GPN_PO 指数稍高于法国。

弱，日本表现尤为突出。与其他主要国家的表现明显不同，中国制造业在全球价值链的嵌入位置由下游快速向上游移动，是主要国家中唯一位置优势不断增强的国家。

第二节 理论框架与模型构建

一、作用机制的理论框架

一国在制造业全球价值链的嵌入位置与其网络个体特征及其优势关系密切，本书分别从网络中心度指数、网络强度指数和网络自由度指数三个层面出发，分析一国制造业网络优势对于其在全球价值链嵌入位置影响的作用机制，见表4-2。

表4-2　全球制造业网络特征对价值链嵌入位置的作用机制

网络特征	作用机制	结果
网络中心度指数	与能够优化本国制造业贸易结构的国家合作	通过提升一国网络特征，可以促使该国在全球价值链嵌入位置的提升
	加大研发投入增强国际竞争力	
	获取并控制更多重要资源	
网络强度指数	加快资本积累速度	
	技术溢出效应	
	"干中学"效应	
网络自由度指数	及时获取其他国家市场信息、需求信息	
	贸易关系分布均匀化和多元化	

1. 网络中心度指数与全球价值链嵌入位置

网络中心度指数衡量了一国在网络中的中心位置及其拥有的相对优势。根据一国与其他国家在网络中的关联方向及关联程度，网络中心度指数考察了一国在网络中拥有的关联广度，对其他国家包括资源在内的要素流动的控制以及获取要素的便利程度。

在制造业全球价值链及生产网络中，中心度指数越高，说明一国拥有的有效贸易伙伴国数量越多,对于其他国家生产的影响越大。同时,对于其他国家生产及贸易的依赖程度越小。

因此,一国网络中心度指数越高,其在网络中的位置越靠近中心有利位置,所拥有的下游网络层级和网络关联越多,在全球价值链嵌入的位置也越高。

(1)一国网络中心度指数越高,表明该国与众多国家建立了制造业有效贸易伙伴关系,因而,所拥有的贸易广度越大。并且,有效贸易伙伴较多的国家能够在数量众多的贸易伙伴中进行选择,挑选出拥有技术优势,推动、促进与有利于本国制造业生产结构优化和贸易结构优化的国家进行合作(Rayes,2008),使得本国制造业生产效率得到提升,因而,也有助于该国制造业在全球价值链嵌入位置的提升。

(2)一国网络中心度指数越高,表明该国在与众多国家建立有效贸易伙伴关系时所面临的竞争越激烈,竞争压力也越大。维持已有的市场份额或者进一步扩大市场份额,该国会通过增加研发资金投入等方式,加快技术创新速度,以获取企业技术进步,从而增加其竞争优势(Kali,2007)。因此,一国越靠近网络的中心位置,竞争优势越强,从而促进其全球价值链嵌入位置提升的效果越明显。

(3)一国网络中心度指数越高,表明其他国家对该国对外贸易的依赖性越大。因而,该国能够依靠其在网络中的优势位置,对网络所需的重要资源进行控制,影响其他国家对于这些资源的可获得性。与此同时,该国可以通过对网络中的重要资源进行整合,例如,可以与处于全球价值链高端的其他国家进行合作(许和连,2018),推动本国在全球价值链嵌入位置的提升。

假设4-1:一国网络中心度指数越高,其在全球价值链嵌入位置越高,越具有位置优势。

2. 网络强度指数与全球价值链嵌入位置

在制造业全球生产网络中,网络强度指数反映了一国与其他国家制造业产生贸易关联的强度指数。网络强度指数越高,说明该国与其他国家之间制造业贸易规模越大,对其在全球价值链嵌入位置的提升越具有促进作用。

(1) 一国网络强度指数越高,对外贸易规模越大。一国可以通过其对外贸易规模的不断扩张提高资本积累,从而实现规模经济(Gino,2020)。由于工业制成品的生产具有多个阶段、工艺复杂等特点,随着企业资本规模的不断积累,一国可以通过增加对生产工序及工业技术的研发投入,提高其产品包含的技术含量,促使该国嵌入全球价值链的高附加值环节,推动其全球价值嵌入位置的提升。

(2) 一国网络强度指数越高,该国可以通过贸易往来与先进技术国家的接触机会越多。一国在与拥有先进生产技术的国家多次进行贸易或者进行大规模贸易的同时,可以通过"干中学"提高本国企业的技术消化吸收能力。与此同时,可以在引进先进设备的同时,引进高端技术人才,从而带动本国拥有熟练、先进生产技术的人力资本升级。在嵌入全球价值链的对外贸易过程中,该国可以通过技术溢出效应降低本国的研发成本,并促使本国企业从事与进口产品相配套的自主研发(魏浩,2018)。这些举措有助于推动技术实现较快升级,从而有利于该国在全球价值链嵌入位置的提升。

假设4-2:一国网络强度指数越大,其在全球价值链嵌入位置越高,越具有位置优势。

3. 网络自由度指数与全球价值链嵌入位置

在社会网络分析中,网络自由度指数是指,存在网络关系的节点是否存在非冗余关系,即结构洞。结构洞产生及存在的主要原因在于:网络中存在的许多节点之间的关联没有效率,一些节点间的关联是冗余的(Burt,1992)。

在图4-2 (a) 中,A国与B国、C国、D国之间的贸易关系构成了一个结构洞网络。可以看出，A 国与网络中的其他国家都存在关联，可以相连，但是，由于其他国家之间没有任何贸易关联，因而存在空洞。A 国商品、服务分别向 B 国、C 国传输，对 A 国来说，B 国与其之间的贸易关系和 C 国与其之间的贸易关系为非冗余关系。

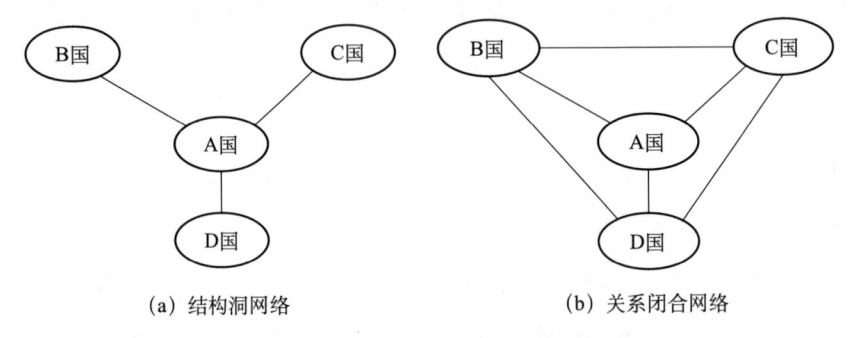

(a) 结构洞网络　　　　　　(b) 关系闭合网络

图 4-2　结构洞网络与关系闭合网络

在图 4-2 (b) 中，A 国的商品和服务仅传输给 B 国，B 国可以将 A 国的商品、服务再传输给 C 国。对 A 国来说，B 国与其之间的贸易关系和 C 国与其之间的贸易关系是冗余的。

在存在结构洞的网络中，结构洞能够为 A 国获取资源和控制资源传输提供便利。由于 A 国的网络自由度指数高于网络中的其他国家，因而，更具有竞争优势。

(1) 一国网络自由度指数越大，其在网络中存在的有效贸易关系越多。在对外贸易过程中，能够更快速地获取有效贸易伙伴的市场、消费需求等信息，减少时间成本和交易成本，节省更多时间和资源生产及研发本国的工业产品。通过优化本国对外贸易结构，一国可以生产出更具竞争优势并且符合国际市场需求的产品，进而对该国全球价值链嵌入位置的提升产生正向促进作用。

(2) 一国网络自由度指数越大，其在网络中的有效贸易关系分布越均匀。网络中的国家越集中，贸易不稳定的概率就会提升，进而加大该国贸易发展及经济发展的波动性（Massell，1964）。因此，一国贸易关系分布的均匀化和多元化，有助于一国规避因过度依赖其他国家贸易关系而产生的对外贸易风险，从而有利于提升该国的综合竞争力，进而促进该国在全球价值链嵌入位置的攀升。

假设4-3：一国网络自由度指数越大，其在全球价值链嵌入位置越高，越具有位置优势。

总的来看，一国网络中心度指数越高，可以通过多国合作、加大研发投入及获取优质资源来提升其在全球价值链的嵌入位置；一国网络强度指数越高，可以通过加快资本积累速度、技术溢出效应和"干中学"效应促进其全球价值链嵌入位置的提升；一国网络自由度指数越高，可以通过及时获取市场需求和有效贸易伙伴的均匀分布及多元分布，实现其在全球价值链嵌入位置的提升。

二、模型构建及变量选取

1. 模型构建

一国在全球价值链的嵌入位置，主要取决于该国出口收益能力及网络层次。根据传统的国际分工理论，这些均与一国在全球价值链嵌入的网络个体特征及表现密切相关。据此，本书构建以下计量经济模型：

$$\ln GPN\_PO_{it} = \alpha Net_{it} + \sum_{j}\beta_j X_{ij} + \lambda_i + \gamma_t + \varepsilon_{it} \quad (4-2)$$

在式（4-2）中，Net 表示网络特征；X 为控制变量，本书选取物质资本和劳动力禀赋作为控制变量；λ_i、γ_t 分别表示个体固定效应和时间固定效应。

分别采用网络中心度指数（CE）、网络强度指数（ST）和网络自由度指数（LB）对网络个体特征进行衡量，式（4-2）可进一步具体表示为：

$$\ln GPN\_PO_{it} = \alpha \ln CE_{it} + \sum_j \beta_j X_{ij} + \lambda_i + \gamma_t + \varepsilon_{it} \qquad (4-3)$$

$$\ln GPN\_PO_{it} = \alpha \ln ST_{it} + \sum_j \beta_j X_{ij} + \lambda_i + \gamma_t + \varepsilon_{it} \qquad (4-4)$$

$$\ln GPN\_PO_{it} = \alpha \ln LB_{it} + \sum_j \beta_j X_{ij} + \lambda_i + \gamma_t + \varepsilon_{it} \qquad (4-5)$$

2. 变量选取和数据来源

（1）变量选取和处理

被解释变量为全球价值链嵌入位置，采用 GPN_PO 指数衡量，见表4-3。

表4-3　　　　　　　　变量定义及变量说明

变量		衡量指标	
被解释变量	全球价值链嵌入位置	全球价值链嵌入位置指数	GPN_PO
解释变量	网络中心度指数	出口中心度指数	CE^{ex}
		进口中心度指数	CE^{im}
	网络强度指数	出口强度指数	ST^{ex}
		进口强度指数	ST^{im}
	网络自由度指数	差异度指数	DS
		非冗余度指数	NA
		限制度指数	CN
控制变量	物质资本	固定资本占国内生产总值（GDP）比重	FK
	劳动力禀赋	劳动人口占总人口比重	LA

在解释变量中，网络中心度指数选取出口中心度指数和进口中心度指数，网络强度指数选取出口强度指数和进口强度指数，网络自由度指数选取差异度指数、非冗余度指数和限制度指数。控制变量的物质资本、劳动力禀赋采用固定资本和劳动人口的相对数进行衡量，所有控制变量根据最大值进行加权处理。

（2）数据来源

本书数据来源于世界投入产出数据库（WIOD）和世界银行。

时间区间为2000~2014年，共有42个国家。根据国际贸易分类标准（ISIC_Rev.4），选取18个制造行业。同时，基于OECD双边贸易数据库的行业及产品分类标准（BTDIxE），根据行业研发强度将制造业进一步划分为高技术制造业、中技术制造业和低技术制造业。①

第三节 回归结果

一、总体回归

式（4-3）~式（4-5）的回归结果显示，所有解释变量及劳动力禀赋变量均通过显著性统计检验。具体来看：

1. 网络中心度指数

网络中心度指数变量系数显著为正（见表4-4），表明通过提高进口网络、出口网络的中心地位，能够显著地提升一国制造业在全球生产网络中的嵌入位置，与理论假设4-1一致。

表4-4 制造业网络中心度指数、网络强度指数与全球价值链嵌入位置总样本回归结果

变量	网络中心度指数		网络强度指数	
	出口中心度指数	进口中心度指数	出口强度指数	进口强度指数
$\ln CE^{ex}$	0.133*** (0.007)	—	—	—
$\ln CE^{im}$	—	0.033*** (0.003)	—	—
$\ln ST^{ex}$	—	—	0.021*** (0.002)	—
$\ln ST^{im}$	—	—	—	0.028*** (0.002)

---

① 将OECD行业分类中的中低技术制造业并入中技术制造业，将中高技术制造业并入高技术制造业。具体分类如下：高技术制造业包括基础药剂及药品、计算机/电子和光学设备、电气设备、机械设备、汽车/拖车交通运输设备、其他交通运输设备；中技术制造业包括焦炭与精炼石油制品、化学与化工制品、橡胶和塑料制品、其他非金属矿产制品、基本金属制品、金属制品；低技术制造业包括食品/饮料和烟草制品、纺织品/服装及皮革制品、木材/软木及编织制品、纸浆/纸制品、印刷/复制品、家具和其他制造业。

续表

变量	网络中心度指数		网络强度指数	
	出口中心度指数	进口中心度指数	出口强度指数	进口强度指数
lnFK	0.029 *	0.024	0.015	0.016
	(0.016)	(0.015)	(0.016)	(0.015)
lnLA	0.007 ***	0.012 ***	0.011 ***	0.010 ***
	(0.002)	(0.001)	(0.001)	(0.001)
常数项	-0.349 ***	-0.078 ***	-0.005	-0.005
	(0.019)	(0.012)	(0.013)	(0.012)
样本数	630	600	630	630
R^2	0.249	0.172	0.158	0.168

注：***、**、*分别表示在1%、5%和10%的显著性水平上显著。

出口中心度指数、进口中心度指数每上升1%，全球价值链嵌入位置分别提升0.13%和0.03%。这显示出与进口相比，一国在出口网络中的中心地位对于全球价值链嵌入位置的提升作用更大。这也意味着，出口有效贸易伙伴较多的国家拥有产品多样化及供给优势，从而在全球价值链中占有位置优势。

物质资本及劳动力禀赋变量系数为正，表明通过提高物质资本积累及劳动力禀赋可以促使一国全球价值链嵌入位置得到提升。

2. 网络强度指数

网络强度指数变量系数显著为正，与理论假设4-2一致。表明一国网络强度越高，贸易规模越大，产品技术溢出效应及"干中学"效应越强，因而，对于其在全球价值链嵌入位置的提升效果越强。

出口强度指数、进口强度指数每上升1%，全球价值链嵌入位置分别上升0.02%和0.03%。表明进口强度指数、出口强度指数的提高能够对一国制造业全球价值链嵌入位置提升起到推动作用，并且，进口强度指数作用稍高于出口强度指数。这也体现出，由于全球制造业更多作为买方市场，进口对于全球价值链嵌入位置的需求效应高于出口对于全球的供给效应。

3. 网络自由度指数

差异度指数变量系数、限制度指数变量系数显著为负，非冗余度指数变量系数显著为正，见表4-5。表明有效贸易伙伴关系分布越均匀，或者运用结构洞的能力越强，一国所处的全球价值链嵌入位置越高。这表明，当一国受到贸易限制程度较低时，该国所能够获取的资源较为丰富；另外，也说明外国投资在国内的机会和利润回报率较高，因而，能够促进本国资源积累、开发及利用。

表4-5　制造业网络自由度指数与全球价值链嵌入位置总样本回归结果

变量	差异度指数	非冗余度指数	限制度指数
lnDS	-0.075 *** (0.005)	—	—
lnNA	—	0.076 *** (0.005)	—
lnCN	—	—	-0.197 *** (0.014)
lnFK	0.030 * (0.016)	0.045 *** (0.015)	0.045 *** (0.015)
lnLA	0.006 *** (0.002)	0.012 *** (0.001)	0.009 *** (0.001)
常数项	-0.232 *** (0.016)	-0.164 *** (0.013)	-0.361 *** (0.025)
样本数	630	630	630
R^2	0.225	0.296	0.258

注：***、**、*分别表示在1%、5%和10%的显著性水平上显著。

差异度指数及限制度指数每下降1%，全球价值链嵌入位置分别上升0.08%和0.2%，显示出结构洞的运用能力对于提升全球价值链嵌入位置起到非常重要的作用。此外，非冗余度指数上升1%，全球价值链嵌入位置攀升0.08%，表明一国非冗余有效贸易伙伴数量越多，全球价值链嵌入位置也越高。

在总样本回归基础上，基于制造业不同技术水平、产品用途以及国家不同经济发展水平,进一步探讨制造业网络个体特征优势对一国全球价值链嵌入位置的影响。

二、基于不同技术制造业的分组回归

1. 网络中心度指数

网络中心度变量系数均显著为正,见表4-6。与总样本回归结果相同,一国在全球高技术制造业网络、中技术制造业网络、低技术制造业网络的中心度指数,均能显著地促进其制造业全球价值链嵌入位置提升。这也进一步证明了前文回归结果的稳健性。出口中心度指数对于提升全球价值链嵌入位置的促进作用,明显高于进口中心度指数。

表4-6　不同技术制造业网络中心度指数与全球价值链嵌入位置回归结果

变量	高技术制造业		中技术制造业		低技术制造业	
	出口中心度指数	进口中心度指数	出口中心度指数	进口中心度指数	出口中心度指数	进口中心度指数
$\ln CE^{ex}$	0.107*** (0.007)	—	0.101*** (0.008)	—	0.109*** (0.007)	—
$\ln CE^{im}$	—	0.029*** (0.003)	—	0.034*** (0.003)	—	0.033*** (0.003)
$\ln FK$	0.032* (0.017)	0.017 (0.016)	0.027* (0.016)	0.024 (0.015)	0.025 (0.016)	0.021 (0.015)
$\ln LA$	0.007*** (0.002)	0.012*** (0.002)	0.006*** (0.002)	0.011*** (0.001)	0.006*** (0.002)	0.013*** (0.001)
常数项	-0.283*** (0.021)	-0.078*** (0.013)	-0.277*** (0.021)	-0.088*** (0.013)	-0.289*** (0.019)	-0.076*** (0.012)
样本	630	597	630	602	630	599
R^2	0.175	0.147	0.186	0.151	0.193	0.174

注:***、**、*分别表示在1%、5%和10%的显著性水平上显著。

从出口中心度指数看,低技术制造业作用略强于高技术制造业和中技术制造业。其原因可能是一方面,由于低技术产品生产工序相对简单,技术门槛和贸易门槛较低,出口产品多元化优势更强;另一方面,低技术制造业以劳动密集型行业为主,技术含量较低,较易通过专业培训提升劳动力的技术熟练度,从而提升劳动生产率。因此,一国低技术制造业网络中心度指数对其制造业全球价值链嵌入位置提升的促进作用更为明显。

从进口中心度指数看,中技术制造业影响比低技术制造业稍高,高技术制造业最低。

2. 网络强度指数

高技术制造业、中技术制造业、低技术制造业网络强度变量系数均显著为正(见表4-7),表明不同技术水平制造业网络强度对全球价值链嵌入位置提升具有显著正效应。并且,进口强度指数影响更大,尤其对于高技术制造业和低技术制造业,二者差距更为明显。

表4-7 不同技术制造业网络强度指数与全球价值链嵌入位置回归结果

变量	高技术制造业 出口强度指数	高技术制造业 进口强度指数	中技术制造业 出口强度指数	中技术制造业 进口强度指数	低技术制造业 出口强度指数	低技术制造业 进口强度指数
$\ln ST^{ex}$	0.011*** (0.002)	—	0.026*** (0.002)	—	0.013*** (0.002)	—
$\ln ST^{im}$	—	0.024*** (0.002)	—	0.027*** (0.002)	—	0.027*** (0.003)
$\ln FK$	0.021 (0.017)	0.020 (0.016)	0.025* (0.015)	0.033** (0.016)	0.036** (0.017)	0.025 (0.016)
$\ln LA$	0.011*** (0.002)	0.010*** (0.001)	0.010*** (0.001)	0.010*** (0.001)	0.010*** (0.002)	0.010*** (0.001)
常数项	-0.013 (0.013)	-0.004 (0.012)	0.003 (0.012)	0.002 (0.012)	-0.006 (0.013)	0.009 (0.013)
样本	630	630	630	630	630	630
R^2	0.081	0.153	0.230	0.154	0.095	0.165

注:***、**、*分别表示在1%、5%和10%的显著性水平上显著。

从出口强度指数看,中低术制造业行业最高,远高于低技术制造业和高技术制造业,其原因可能在于,中技术制造业大多是资本密集型行业,出口规模较大。与此同时,这些行业在生产过程中往往耗费大量资源、能源,对于出口环境造成了较大破坏,对出口国产生巨大的环境压力（马晶梅，2015）。这可能会促使出口国重视低碳生产技术的研发，或者引进先进环保处理设备，提高低碳生产率，从而促使该国全球价值链嵌入位置的提升。

从进口强度指数看，中技术制造业效应和低技术制造业效应基本相同，均高于高技术制造业。可以得出，高技术制造业进口强度指数、出口强度指数对全球价值链嵌入位置的促进作用，低于中技术制造业和低技术制造业；而对于中技术制造业而言，出口强度指数的作用和进口强度指数的作用几乎没有差别。同时，各国的买方优势对于提升其全球价值链嵌入位置的作用，在高技术制造业和低技术制造业体现得更为明显。

3. 网络自由度指数

差异度指数变量系数及限制度指数变量系数均显著为负，非冗余度指数变量系数显著为正，见表4-8。

表4-8　不同技术制造业网络自由度指数与全球价值链嵌入位置回归结果

变量	差异度指数 高技术	差异度指数 中技术	差异度指数 低技术	非冗余度指数 高技术	非冗余度指数 中技术	非冗余度指数 低技术	限制度指数 高技术	限制度指数 中技术	限制度指数 低技术
lnDS	-0.074*** (0.005)	-0.063*** (0.006)	-0.068*** (0.005)	—	—	—	—	—	—
lnNA	—	—	—	0.072*** (0.005)	0.064*** (0.005)	0.081*** (0.004)	—	—	—
lnCN	—	—	—	—	—	—	-0.198*** (0.013)	-0.139*** (0.015)	-0.179*** (0.010)
lnFK	0.026* (0.016)	0.033** (0.016)	0.024 (0.016)	0.038** (0.015)	0.046*** (0.015)	0.048*** (0.014)	0.036** (0.016)	0.040** (0.016)	0.041*** (0.014)
lnLA	0.006*** (0.002)	0.007*** (0.002)	0.008*** (0.002)	0.010*** (0.001)	0.010*** (0.001)	0.011*** (0.001)	0.007*** (0.001)	0.007*** (0.001)	0.007*** (0.001)
常数项	-0.235*** (0.016)	-0.195*** (0.016)	-0.201*** (0.016)	-0.171*** (0.014)	-0.146*** (0.013)	-0.171*** (0.012)	-0.345*** (0.025)	-0.269*** (0.026)	-0.368*** (0.020)
样本	630	630	630	630	630	630	630	630	630
R^2	0.221	0.172	0.192	0.237	0.219	0.360	0.211	0.168	0.357

注：***、**、*分别表示在1%、5%和10%的显著性水平上显著。

第四章　制造业全球价值链嵌入位置与网络优势

从差异度指数看,高技术制造业影响最大,中技术制造业影响最小。这表明,各国高技术制造业贸易伙伴关系分布对全球价值链嵌入位置的提升作用最强。

从非冗余度指数看,低技术制造业影响最大,中技术制造业影响最小。

从限制度指数看,高技术制造业影响最大,中技术制造业影响最低。

从总体上看,高技术制造业网络自由度对于全球价值链嵌入位置的影响最大,这也为发达国家在全球制造业生产网络中具有位置优势提供了理论依据。

可以得出,对于不同技术制造业的网络个体特征而言,中技术制造业进口中心地位、进出口强度指数的提高,高技术制造业贸易伙伴关系差异度的降低以及运用结构洞能力的增强,对于提升各国制造业在全球价值链中的位置具有最为重要的作用。

三、基于不同产品制造业的分组回归

在总样本回归的基础上,采用新贸易核算框架下国内增加值的分解结果,根据产品将制造业分为最终产品和中间产品,进一步检验不同产品制造业的网络个体特征对于各国全球价值链嵌入位置的影响。

1. 网络中心度指数

网络中心度指数变量系数均显著为正,见表4-9。同样,出口中心度指数系数高于进口中心度指数系数。并且,无论出口中心度指数还是进口中心度指数,最终产品系数均稍高于中间产品系数。这表明,最终产品的网络中心度指数对于一国制造业在全球价值链嵌入位置的提升作用更大。

表4-9　不同产品网络中心度指数、网络强度指数
与全球价值链嵌入位置回归结果

变量	网络中心度指数				网络强度指数			
	最终产品		中间产品		最终产品		中间产品	
$\ln CE^{ex}$	0.111*** (0.009)	—	0.109*** (0.007)	—	—	—	—	—
$\ln CE^{im}$	—	0.037*** (0.003)	—	0.033*** (0.003)	—	—	—	—
$\ln ST^{ex}$	—	—	—	—	0.016*** (0.002)	—	0.013*** (0.002)	—
$\ln ST^{im}$	—	—	—	—	—	0.031*** (0.002)	—	0.027*** (0.003)
$\ln FK$	0.024 (0.016)	0.021 (0.015)	0.025 (0.016)	0.021 (0.015)	0.016 (0.016)	0.008 (0.015)	0.036** (0.017)	0.025 (0.016)
$\ln LA$	0.008*** (0.002)	0.013*** (0.001)	0.006*** (0.002)	0.013*** (0.001)	0.011*** (0.001)	0.010*** (0.001)	0.010*** (0.002)	0.010*** (0.001)
常数项	-0.287*** (0.022)	-0.084*** (0.012)	-0.289*** (0.019)	-0.076*** (0.012)	-0.004 (0.013)	0.006 (0.012)	-0.006 (0.013)	0.009 (0.013)
样本	630	614	630	599	630	630	630	630
R^2	0.222	0.213	0.193	0.174	0.114	0.198	0.095	0.165

注：***、**、*分别表示在1%、5%和10%的显著性水平上显著。

2. 网络强度指数

网络强度指数变量系数均显著为正，进口强度指数影响大于出口强度影响。并且，最终产品进口强度指数、出口强度指数影响高于中间产品影响。究其主要原因是最终产品出口可以借助全球价值链的"循环传导机制"与其他国家产生更强的关联效应，从而更有利于推动一国全球价值链嵌入位置的提升。

3. 网络自由度指数

差异度指数和限制度指数变量系数显著为负，非冗余度指数变量系数显著为正，见表4-10。

表4-10　不同产品网络自由度指数与全球价值链嵌入位置回归结果

变量	最终产品			中间产品		
	差异度指数	非冗余度指数	限制度指数	差异度指数	非冗余度指数	限制度指数
$\ln DS$	-0.068*** (0.005)	—	—	-0.068*** (0.005)	—	—

续表

变量	最终产品			中间产品		
	差异度指数	非冗余度指数	限制度指数	差异度指数	非冗余度指数	限制度指数
lnNA	—	0.072*** (0.005)	—	—	0.081*** (0.004)	—
lnCN	—	—	−0.179*** (0.013)	—	—	−0.198*** (0.010)
lnFK	0.018 (0.016)	0.038** (0.015)	0.036** (0.016)	0.024 (0.016)	0.048*** (0.014)	0.041*** (0.014)
lnLA	0.007*** (0.002)	0.010*** (0.001)	0.007*** (0.001)	0.008*** (0.002)	0.011*** (0.001)	0.007*** (0.001)
常数项	−0.210*** (0.017)	−0.171*** (0.014)	−0.345*** (0.025)	−0.201*** (0.016)	−0.171*** (0.012)	−0.368*** (0.020)
样本	630	630	630	630	630	630
R^2	0.207	0.237	0.211	0.192	0.360	0.357

注：***、**、*分别表示在1%、5%和10%的显著性水平上显著。

从差异度指数看，最终产品系数与中间产品系数相等，表明两种出口产品差异度指数对全球价值链嵌入位置的影响相当。

从非冗余度指数看，中间产品系数高于最终产品系数，显示中间产品非冗余贸易关系的增加，更能有效地促进一国全球价值链嵌入位置的提升。

从限制度指数看，中间产品系数大于最终产品系数，显示一国中间产品在网络中运用结构洞的能力对于其全球价值链嵌入位置的影响更大。

总的来看，中间产品网络自由度指数对于一国制造业在全球价值链嵌入位置的影响更大，进一步证实了中间产品出口占比较大的发达国家拥有全球价值链嵌入位置优势的事实。

可以得出，对于不同产品的网络个体特征及优势而言，最终产品进口中心位置、出口中心位置及网络强度指数优势的提高，最终产品网络自由度指数优势的增强，对于提升各国制造业在全球价值链中的位置具有最为重要的作用。

四、基于不同经济发展水平国家的分组回归

根据世界银行、国际货币基金组织及联合国开发计划署的分类标准,将 WIOD 中所列 42 个国家分为发达国家和非发达国家,采用在新贸易核算框架下的各国真实出口数据,进一步探讨网络特征对一国全球价值链嵌入位置的影响及其差异度指数。

1. 网络中心度指数

回归结果表明,发达国家与非发达国家的网络中心度指数均能显著地促进一国全球价值链嵌入位置的提升,见表 4-11。其中,非发达国家网络中心度指数的提升作用更为明显。这主要由于发达国家多为后工业化国家,制造业生产水平及贸易发展水平较高,贸易关系较为稳定。与发达国家相比,中国等新兴经济体近年来有效贸易伙伴国数量增长较快,但是,出口贸易关系稳定性较差。这些国家通过向更多国家出口工业制成品,与这些国家建立日益稳定、持久的贸易关系,迅速提升其国际影响力。因此,非发达国家的网络中心度指数对其全球价值链嵌入位置的提升作用更强。

表 4-11 不同经济体制造业网络中心度指数与全球价值链嵌入位置回归结果

变量	发达国家		非发达国家	
	出口中心度指数	进口中心度指数	出口中心度指数	进口中心度指数
$\ln CE^{ex}$	0.098 *** (0.008)	—	0.185 *** (0.009)	—
$\ln CE^{im}$	—	0.037 *** (0.003)	—	0.036 *** (0.011)
$\ln FK$	0.033 * (0.017)	0.025 * (0.015)	0.091 *** (0.033)	0.170 *** (0.039)
$\ln LA$	0.005 ** (0.002)	0.008 *** (0.001)	-0.002 (0.003)	0.019 *** (0.006)
常数项	-0.294 *** (0.021)	-0.124 *** (0.011)	-0.411 *** (0.032)	0.074 ** (0.031)

续表

变量	发达国家		非发达国家	
	出口中心度指数	进口中心度指数	出口中心度指数	进口中心度指数
样本	465	435	165	165
R^2	0.129	0.271	0.588	0.139

注：*** 、** 、* 分别表示在1%、5%和10%的显著性水平上显著。

2. 网络强度指数

根据各国经济发展水平，将不同经济体在网络的进口强度指数、出口强度指数进行分组，考察其对全球价值链嵌入位置影响的差异度指数，见表4-12。

表4-12　不同经济体制造业网络强度指数与全球价值链嵌入位置回归结果

变量	发达国家		非发达国家	
	出口强度指数	进口强度指数	出口强度指数	进口强度指数
$\ln ST^{ex}$	0.024***	—	0.005	—
	(0.002)		(0.005)	
$\ln ST^{im}$	—	0.032***	—	0.013
		(0.002)		(0.009)
$\ln FK$	0.010	0.013	0.145***	0.150***
	(0.015)	(0.014)	(0.044)	(0.043)
$\ln LA$	0.006***	0.005***	0.014**	0.017***
	(0.002)	(0.001)	(0.006)	(0.006)
常数项	-0.041***	-0.042***	0.104**	0.126**
	(0.011)	(0.010)	(0.045)	(0.050)
样本	465	465	165	165
R^2	0.265	0.283	0.075	0.084

注：*** 、** 、* 分别表示在1%、5%和10%的显著性水平上显著。

研究发现，发达国家制造业网络强度指数的系数显著为正，而非发达国家制造业网络强度指数的系数不显著。这说明，发达国家制造业网络强度指数能够显著提升其在全球价值链的嵌入位置。可能的原因是，发达国家的贸易往来多为先进制造业，其工业制品技术含量较高且贸易规模较大，发达国家的贸易强度指数越大，越能够提升其在全球价值链的嵌入位置。非发达国家贸易产品在较大程度上依靠本国资源禀赋，技术含量较低。在特定条件下，单纯依靠贸易规模扩大，而不注重提高产品技术含量及性能，不仅可能导致资源过度损耗，而且造成贸易条件恶化，甚至出现"贫困化增长"（姚枝仲，2019）。

因此，对于新兴国家，尤其是经济发展水平较为落后的发展中国家来说，仅提升贸易规模无法实现从贸易大国向贸易强国的转变。应通过并加强与多国开展贸易合作，注重高质量产品输出，才能有效提升其在全球价值链的嵌入位置。

3. 网络自由度指数

通过对全球制造业网络的差异度指数、非冗余度指数以及限制度指数进行分组，考察发达国家制造业网络自由度指数和非发达国家制造业网络自由度指数对其全球价值链嵌入位置的差异度指数影响。

可以得出，发达国家制造业网络自由度指数与非发达国家制造业网络自由度指数均能显著提升其在全球价值链的嵌入位置，见表4-13，其中，非发达国家网络自由度指数的提升作用高于发达国家。可能的解释是，一些发达国家之间存在富人俱乐部现象：发达国家的贸易关系主要聚集在发达国家之间，彼此贸易关系日益紧密且稳定，在全球价值链的嵌入位置靠近上游。与发达国家相比，非发达国家的贸易关系较为分散，稳定性较弱，并且，对外存在较高的贸易壁垒。因此，非发达国家网络自由度指数更高，其有效贸易关系数量和稳定性也更强，对经济体在全球价值链嵌入位置提升的促进作用也更明显。

表4-13 不同经济体制造业网络自由度指数与全球价值链嵌入位置回归结果

变量	发达国家			非发达国家		
	差异度指数	非冗余度指数	限制度指数	差异度指数	非冗余度指数	限制度指数
ln*DS*	-0.059*** (0.005)	—	—	-0.139*** (0.008)	—	—

续表

变量	发达国家			非发达国家		
	差异度指数	非冗余度指数	限制度指数	差异度指数	非冗余度指数	限制度指数
ln*NA*	—	0.068*** (0.004)	—	—	0.134*** (0.017)	—
ln*CN*	—	—	-0.165*** (0.011)	—	—	-0.352*** (0.035)
ln*FK*	0.032* (0.017)	0.054*** (0.014)	0.054*** (0.015)	0.119*** (0.028)	0.117*** (0.032)	0.119*** (0.030)
ln*LA*	0.004** (0.002)	0.007*** (0.001)	0.004*** (0.001)	-0.010*** (0.004)	0.015*** (0.004)	0.011*** (0.004)
常数项	-0.222*** (0.016)	-0.182*** (0.013)	-0.341*** (0.024)	-0.331*** (0.030)	-0.167*** (0.036)	-0.511*** (0.061)
样本	465	465	465	165	165	165
R^2	0.159	0.329	0.236	0.619	0.401	0.491

注：***、**、*分别表示在1%、5%和10%的显著性水平上显著。

五、稳健性检验

考虑到制造业全球价值链嵌入的网络个体特征和优势与全球价值链嵌入位置二者之间可能存在逆向关系，即一国制造业在全球价值链嵌入位置越高，其网络中心度指数、网络强度指数及网络自由度指数可能会越高，本书选取各国的网络个体特征滞后一期作为工具变量，利用两阶段最小二乘法（2SLS）进行稳健性检验，见表4-14。

表4-14　两阶段最小二乘法回归结果

变量	网络中心度指数		网络强度指数		网络自由度指数		
	出口中心度指数	进口中心度指数	出口强度指数	进口强度指数	差异度指数	非冗余度指数	限制度指数
lnCE^{ex}	0.139*** (0.008)	—	—	—	—	—	—
lnCE^{im}	—	0.033*** (0.003)	—	—	—	—	—
lnST^{ex}	—	—	0.021*** (0.002)	—	—	—	—

续表

变量	网络中心度指数		网络强度指数		网络自由度指数		
	出口中心度指数	进口中心度指数	出口强度指数	进口强度指数	差异度指数	非冗余度指数	限制度指数
$\ln ST^{im}$	—	—	—	0.028 *** (0.002)	—	—	—
$\ln DS$	—	—	—	—	-0.075 *** (0.005)	—	—
$\ln NA$	—	—	—	—	—	0.078 *** (0.005)	—
$\ln CN$	—	—	—	—	—	—	-0.206 *** (0.015)
$\ln FK$	0.030 * (0.017)	0.026 * (0.016)	0.016 (0.017)	0.016 (0.016)	0.031 * (0.016)	0.049 *** (0.016)	0.050 *** (0.016)
$\ln LA$	0.006 *** (0.002)	0.012 *** (0.001)	0.011 *** (0.001)	0.010 *** (0.001)	0.006 *** (0.002)	0.011 *** (0.001)	0.00⁹ *** (0.001)
常数项	-0.363 *** (0.021)	-0.080 *** (0.013)	-0.007 (0.013)	-0.007 (0.013)	-0.234 *** (0.016)	-0.167 *** (0.014)	-0.374 *** (0.027)
样本	588	560	588	588	588	588	588
R^2	0.241	0.172	0.159	0.173	0.223	0.293	0.253

注：***、**、* 分别表示在1%、5%和10%的显著性水平上显著。

（1）对工具变量的有效性进行检验，通过了过度识别变量和弱工具变量的检验。

（2）基于出口中心度指数、进口中心度指数考察网络中心度对全球价值链嵌入位置的影响。

（3）基于出口强度指数、进口强度指数考察网络强度指数对全球价值链嵌入位置的影响。

（4）基于差异度指数、非冗余度指数和限制度指数，考察网络自由度指数对全球价值链嵌入位置的影响。

回归结果显示，与前文基本回归结果一致，证明了回归结果的稳健性，证明一国的全球制造业网络中心度指数、网络强度指数和网络自由度指数能够显著促进其制造业价值链嵌入位置的提升。

第五章　制造业全球价值链嵌入与技术优势

在创新成为引领经济发展第一动力的时代背景下，通过创新实现对现有全球价值链体系的有效整合，进而实现中国制造业的全球价值链的攀升，不仅有利于实现中国制造业结构的优化升级，而且，可以有效提升中国制造业的全球竞争力。研发作为创新的主要环节，如何在研发资源约束背景下提升技术创新活动的有效产出，即提高技术优势已成为相关学者重点关注的研究主题之一。然而，在现有全球价值链体系下，一方面，全球价值链的链主凭借其顶端优势及其强大的全球价值链治理能力实现了对中国高端装备制造业等制造业的低端锁定，使其处于"悲惨增长"的窘境，虽有较高的技术创新直接产出或客观的经济转化收入，但尚无法突破现有全球价值链体系的低端锁定；另一方面，中国高端装备制造业已不可逆转地嵌入现有全球价值链体系中，休克式的脱离现有全球价值链体系并不符合中国高端装备制造业利益和国家利益。因此，在现有全球价值链体系下，通过高效的技术创新活动实现中国高端装备制造业等制造业的全球价值链攀升，成为实现中国制造业升级的必然要求。

基于创新成为驱动发展的第一动力和研发资源约束的交叉背景，以全球价值链下制造业技术优势及其提升策略为研究对象，打破既有制造业技术优势研究仅限于单一阶段研究或两阶段研究的局限，将全球价值链要素引入制造业技术优势评价体系中；在创新投入要素、产出要素和影响因素的基础上，结合对全球价值链要素的解构，构建制造业技术三阶段优势评价指标体系；通过对比性分析，选择制造业技术三阶段优势评价方法并构建其效率测度模型，从而形成技术三阶段优势评价体系。基于高端装备制造业在中国国民经济体系中的战略意义，将其作为实证研究对象进行实证研究，揭示制造业技术三阶段优势现状与演进规律，测度创新投入因素与影响因素对制造业技术优势的影响，并以此为依据提出提升制造业技术优势的策略建议。研究结论不仅对拓展创新研究的阶段范畴、进一步丰富创新研究体系具有一定理论价值，而且，对提高制造业技术优势、实现制造业全球价值链攀升具有重要的现实意义。

第一节　全球价值链嵌入与技术优势评价体系

技术创新作为制造业生产的主要环节，一直受到各国政府及学者们的重点关注。基于制造业技术优势的研究主题，从创新投入和创新产出等相关要素及技术出发，构建技术优势评价指标，将全球价值链要素引入制造业技术优势评价体系中，考察制造业全球价值链嵌入与技术优势之间的关系。并以中国国民经济体系中重要的战略性制造业——高端装备制造业为对象，从三阶段视角对中国高端装备制造业技术优势进行实证研究，不仅有助于进一步丰富全球价值链下制造业技术创新领域的理论研究成果，而且，可以有效地指导全球价值链下的制造业创新实践。

一、技术优势评价指标

技术优势是在特定的技术经济条件下，其创新成果产出与资源投入之间的转化关系，较高的技术优势意味着较高的技术创新产出投入比。因此，制造业技术优势本质上是由技术创新投入因素、产出因素和制造业技术经济条件决定的。此外，制造业技术创新体系作为开放性系统，

第五章 制造业全球价值链嵌入与技术优势

全球价值链等环境要素也会对其效率产生影响。基于此,从研发资源投入、成果产出和影响因素三个维度,建立制造业技术优势评价指标体系。

1. 技术创新成果产出要素的评价

技术创新成果产出具有突出的阶段性特征,一般认为,技术创新成果产出由两阶段构成:第一阶段为研发资源投入转化为直接的创新成果产出,一般以专利数衡量创新成果直接产出;第二阶段为专利产出转化为经济产出,一般以新产品相关指标衡量创新经济转化成果产出。然而,从中国制造业发展实践来看,较高的专利产出或新产品产出并不意味着较高的国际竞争力,只有摆脱全球价值链的低端锁定才能有效应对美国等国际竞争者的极端竞争策略。因此,全球价值链下制造业技术创新诉求必然从追求直接产出和经济转化产出转变为追求全球价值链嵌入位势的提升,从而在既有全球价值链体系下获取更高的全球话语权和竞争优势。因此,全球价值链嵌入位势作为制造业创新成果产出具有突出的理论合理性和现实可行性。

对于制造业技术研发的直接创新产出,一般采用专利数量进行评价,具体包括专利申请数和专利授权数等评价指标,考虑到未被授权的专利不仅同样会消耗制造业研发资源,而且,也是制造业技术创新活动的直接产出,借鉴相关研究成果,采用专利授权数对创新直接产出进行评价;对于创新经济转化产出,一般采用新产品相关指标进行评价,具体包括新产品产量、产值和销售收入等评价指标。考虑到销售收入更能从根本上体现经济转化的本质,借鉴相关研究成果,采用新产品销售收入对创新经济转化产出进行评价。对于技术创新在全球价值链嵌入位势方面的产出,一般采用全球价值链嵌入位势进行评价,综合借鉴库普曼等(Koopman et al., 2010)、WIOTs数据提出的全球价值链位置测度方法对制造业全球价值链嵌入位势进行评价。由于制造业技术创新活动三阶段存在时滞性，因此，分别采用滞后0期、滞后1期和滞后2期的数据对创新三阶段产出进行评价。

2. 研发资源投入要素的评价

技术创新活动需要投入人、财、物、信息和知识等多种资源。然而，物质、信息和知识等资源投入，一方面，缺乏科学的评价方法；另一方面，其投入亦可外显为资金投入，借鉴相关研究成果，从人力资源和资金资源两方面对制造业研发资源投入要素进行评价。部分学者倾向于采用累积存量对研发资源投入要素进行评价，但受限于缺乏统一的累积存量测度方法，分别采用"研发与开发（R&D）人员全时当量"和"R&D经费内部支出"对制造业研发资源投入要素进行评价。由于制造业技术创新活动的知识密集性，制造业研发人力资源投入不仅要考虑投入数量，更要考虑研发人力资源的投入质量，在参考相关评价方法的基础上，采用"制造业内工程师数量"对其进行评价。而从创新的阶段性角度来看，研发前一阶段的产出成果必然会成为后一阶段的资源投入，因此，研发经济转化阶段的投入应包括技术创新直接产出，即制造业专利数；全球价值链攀升阶段的投入应包括经济转化阶段的产出，即新产品销售收入。

3. 技术优势影响因素的评价

基于对国内外创新影响因素相关研究成果的梳理可以发现，影响制造业技术创新活动及技术优势的经济因素，主要包括企业规模、企业所有制和行业集中度等因素。借鉴相关研究成果，通过"企业平均固定资产原值"评价企业规模因素，通过"新产品产值中不同所有制企业的比重"评价企业所有制因素，通过"企业数量"评价行业集中度因素。中国已不可逆转地嵌入全球价值链体系，因此，包括创新在内的各种制造业活动必然受到全球价值链嵌入因素的影响，且嵌入水平越高，影响就越显著。借鉴赫迈尔斯等（Hummels et al., 2001）的研究成果,通过全球价值链嵌入强度指数评价全球价值链嵌入强度指数。

基于上述分析,得到制造业全球价值链嵌入与技术优势评价指标,见表5-1。

表5-1　制造业全球价值链嵌入与技术优势评价指标体系

目标层	准则层	评价指标
Out:技术创新成果产出	Out_1:创新直接产出	制造业专利申请数(Do)
	Out_2:制造业经济转化产出	制造业新产品销售收入(Et)
	Out_3:制造业全球价值链攀升产出	制造业全球价值链嵌入位势指数(Gp)
In:研发资源投入	In_1:创新人员数量	创新人员全时当量(Hs)
	In_2:创新资金资源	创新经费内部支出(Fi)
	In_3:创新人员质量	制造业内工程师数量(Hz)
	In_4:制造业直接产出	制造业专利申请数(Do)
	In_5:制造业经济转化产出	制造业新产品销售收入(Et)
Ef:技术创新影响因素	Ef_1:制造业内企业规模	制造业内企业平均固定资产原值(Es)
	Ef_2:制造业内企业所有制	制造业新产品产值中国成分比重(Eo)
	Ef_3:行业集中度	制造业内企业数量(Ic)
	Ef_4:制造业全球价值链嵌入强度指数	制造业全球价值链嵌入强度指数(Ge)

二、技术优势评价方法与评价模型

1. 技术优势评价方法选择

通过对国内外产业技术优势评价方法相关研究成果的梳理可以看出,DEA方法和SFA方法是当前最主流的两种效率评价方法,且两种方法在效率评价结果方面具有较高的等效性。DEA方法和SFA方法在效率评价中各具优势,DEA方法因无须设定具体的生成函数而避免了相应误差的产生,且能实现多产出DMU的效率评价,但其测度结果的无偏性受到学者的广泛质疑;而SFA方法可在保证效率测度结果可信度的前提下实现效率及其影响因素的一步法测度。因此,综合考虑本书的具体研究情境、研究对象及其评价体系，选择 SFA 方法作为制造业技术优势的评价方法。

2. 技术优势评价模型构建

柯布—道格拉斯生产函数具有经济含义直观且结果准确性高的优势，因此，将其作为基础函数构建全球价值链下制造业技术三阶段优势评价模型。考虑到创新三阶段产出具有的天然时滞性，在对创新三阶段产出的特征及评价指标进行综合考虑的基础上，借鉴时滞期处理相关成果，分别采用滞后 0 期、1 期和 2 期的处理方法构建创新直接产出效率、经济转化效率和全球价值链攀升效率评价模型，如式（5-1）~式（5-3）所示。

$$\ln(Out._{Do.tj}) = \lambda_0 + \lambda_1 \cdot \ln(Hs._{tj}) + \lambda_2 \cdot \ln(Hz._{tj}) + \lambda_3 \cdot \ln(Fi._{tj}) + v_{tj} - u_{tj} \quad (5-1)$$

$$\ln(Out._{Et.(t+1)j}) = \lambda_0' + \lambda_1' \cdot \ln(Hs._{tj}) + \lambda_2' \cdot \ln(Hz._{tj}) + \lambda_3' \cdot \ln(Fi._{tj}) + \lambda_4' \cdot \ln(Do._{tj}) + v_{tj}' - u_{tj}' \quad (5-2)$$

$$\ln(Out._{Gp(t+2)j}) = \lambda_0'' + \lambda_1'' \cdot \ln(Hs._{tj}) + \lambda_2'' \cdot \ln(Hz._{tj}) + \lambda_3'' \cdot \ln(Fi._{tj}) + \lambda_4'' \cdot \ln(Et._{tj}) + v_{tj}'' - u_{tj}'' \quad (5-3)$$

在式（5-1）、式（5-2）和式（5-3）中，$Out._{Do.tj}$、$Out._{Et.(t+1)j}$ 和 $Out._{Gp(t+2)j}$ 分别表示 j 制造业 t 期技术创新直接产出、$t+1$ 期经济转化产出和 $t+2$ 期全球价值链嵌入位势；$Hs._{tj}$ 表示 t 期 j 创新人员投入，$Hz._{tj}$ 表示 t 期 j 制造业人员投入质量，$Fi._{tj}$ 表示 t 期 j 创新经费投入量；$Do._{tj}$ 表示 t 期 j 制造业研发直接产出；$Et._{tj}$ 表示 t 期 j 制造业经济转化产出；v_{tj} 和 u_{tj} 为相应误差调节项，v_{tj} 为随机误差，u_{tj} 表示管理无效率；λ_i、λ_i' 和 $\lambda_i''(i=1,2,3\cdots)$ 等分别表示常量和相应系数。

以此为基础，构建考虑影响因素的全球价值链下制造业技术三阶段优势测度概念模型，分别如式（5-4）~式（5-6）所示。

$$Out._{Do.tj} = \beta_0 + \beta_1 \cdot Hs._{tj} + \beta_2 \cdot Hz._{tj} + \beta_3 \cdot Fi._{tj} + \beta_4 \cdot Ec._{tj}$$

$$+ \beta_5 \cdot Eo._{tj} + \beta_6 \cdot Ic._{tj} + \beta_7 \cdot Ge._{tj} + \beta_8 \cdot T \qquad (5-4)$$

$$Out._{Et.(t+1)j} = \beta'_0 + \beta'_1 \cdot Hs._{tj} + \beta'_2 \cdot Hz._{tj} + \beta'_3 \cdot Fi._{tj} + \beta'_4 \cdot Do._{tj} + \beta'_5 \cdot Es._{tj}$$

$$+ \beta'_6 \cdot Eo._{tj} + \beta'_7 \cdot Ic._{tj} + \beta'_8 \cdot Ge._{tj} + \beta'_9 \cdot T \qquad (5-5)$$

$$Out._{Gp(t+2)j} = \beta''_0 + \beta''_1 \cdot Hs._{tj} + \beta''_2 \cdot Hz._{tj} + \beta''_3 \cdot Fi._{tj} + \beta''_4 \cdot Et._{tj} + \beta''_5 \cdot Es._{tj}$$

$$+ \beta''_6 \cdot Eo._{tj} + \beta''_7 \cdot Ic._{tj} + \beta''_8 \cdot Ge._{tj} + \beta''_9 \cdot T \qquad (5-6)$$

在式（5-4）、式（5-5）和式（5-6）中，$Out._{Do.tj}$、$Out._{Et.(t+1)j}$和$Out._{Gp(t+2)j}$以及$Hs._{tj}$、$Hz._{tj}$、$Fi._{tj}$、$Do._{tj}$和$Et._{tj}$含义同上；$Es._{tj}$表示 t 期 j 制造业的企业平均规模，$Ic._{tj}$表示 t 期 j 制造业所有制，$Eo._{tj}$表示 t 期 j 制造业市场结构，$Ge._{tj}$表示 t 期 j 制造业全球价值链嵌入强度指数，T 为时变趋势，β_i、β'_i 和 β''_i（$i=1$，2，3…）等分别表示常量及相应系数。

本章利用极大似然估计方法（Maximum Likelihood Estimate，MLE）方法对上述模型进行估计，γ 值高度显著，且 LR 检验均在5%的显著性水平上显著，从而保证了上述制造业技术优势评价模型的有效性，如表5-2所示。

第二节　实证研究：以高端装备制造业为例

一、实证对象与数据来源

1. 实证对象

基于高端装备制造业在中国国民经济体系中的战略意义，将其作为实证研究对象进行实证研究。由于全球价值链嵌入位势的测度需以 Trade in Value-added（TiVA）数据库为基础，因此，需以其制造业分类标准为基础，对中国国民经济行业分类标准（GB/T 4754—2017）下的制造业进行重新划分以统一研究口径。借鉴黄鲁成教授对高端装备制造业内涵的界定，建立其细分行业集合 $C = \{C_1, \cdots, C_4\} = \{C'_{34} + C'_{35},$

$C'_{36} + C'_{37}$，C'_{38}，C'_{39}}。其中，C'_{33} ~ C'_{39} 大类为国标 GB/T 4754—2017 中制造业第 34 ~ 39 大类。

2. 数据来源

用于高端装备制造业技术优势实证研究的数据，源于 OECD 的 TiVA 数据库、《中国统计年鉴》《中国高技术制造业统计年鉴》和《中国科技统计年鉴》。为了统一数据口径，具体实证过程中对部分实证数据进行了转换、调整等处理。除此之外，由于 TiVA 数据库中 2008 年前和 2015 年后中国高端装备创新数据缺失严重，实证研究时选取 2008 ~ 2015 年高端装备制造业技术三阶段优势作为研究对象。通过对高端装备制造业细分行业的划分和对相关创新面板数据的梳理，最终可得到 32 组实证数据，能够满足实证研究的需要。

二、高端装备制造业全球价值链嵌入位势与嵌入强度

为了对全球价值链下中国高端装备制造业技术三阶段优势进行评价，先需对其全球价值链嵌入位势和全球价值链嵌入强度进行测度。

1. 高端装备制造业全球价值链嵌入位势测度

综合借鉴库普曼等（Koopman et al., 2010）、WIOTs 数据提出的全球价值链嵌入位势测度方法以及周升起等（2014）的研究成果，基于官方统计数据对 2008 ~ 2015 年中国高端装备制造业的全球价值链嵌入位势进行测度。

基于对全球价值链嵌入位势测度结果的分析可以看出，研究时段内中国高端装备制造业的全球价值链嵌入位势获得了显著提升，且平均提升幅度高达 86.3%。该结果与中国高端装备制造业全球竞争力不断提升，全球话语权持续增强的制造业发展现状相符。中国高端装备制造业各细分行业全球价值链嵌入位势的增长趋势和涨幅基本相当，该结果显示出各细分行业齐头并进的良好发展态势。中国高端装备制造业及其细

分行业全球价值链嵌入位势的增长趋势，如图5-1所示。

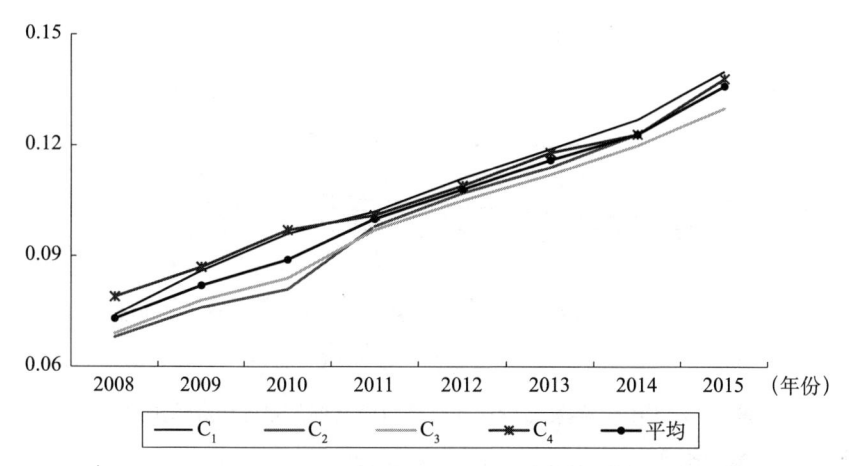

图5-1 中国高端装备制造业全球价值链嵌入位势演进趋势

资料来源：笔者根据数据计算整理而得。

中国高端装备制造业的全球价值链嵌入位势在研究时段内获得了较大幅度的提升，而根据周升起等（2014）的研究成果，同期，日本、美国制造业的全球价值链嵌入位势则在持续下降，因此，中美制造业、中日制造业全球价值链嵌入位势的差距不断缩小。该结果说明，中国经济发展的"转方式、调结构、促升级"至少已在高端装备制造业层面取得了成效。中国高端装备制造业已逐步由外延式增长转变为内涵式增长，制造业全球竞争力全面提升。

2. 高端装备制造业全球价值链嵌入强度指数测度

借鉴赫迈尔斯等（Hummels et al.，2001）的研究成果，基于官方统计数据对2008~2015年中国高端装备制造业的全球价值链嵌入强度指数进行测度。

基于对全球价值链嵌入强度指数测度结果分析可以看出，在研究时段内中国高端装备制造业的全球价值链嵌入强度指数均处于高位，除在2009年测度周期内呈现一定幅度下降外，在其他实证研究时段内均呈现稳定上升的演进态势，其演进趋势如图 5-2 所示。

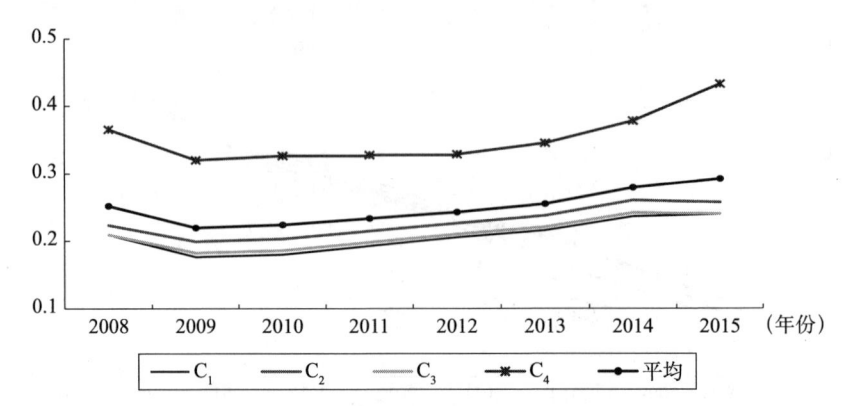

图 5-2　中国高端装备制造业全球价值链嵌入强度指数演进趋势

资料来源：笔者根据数据计算整理而得。

结合全球价值链下中国高端装备制造业的发展实践可以推断，2009年测度周期内全球价值链嵌入强度指数的下降主要归因为 2008 年全球金融危机造成中国高端装备制造业进出口萎缩，2009 年之后全球价值链嵌入强度指数的回升主要归因为金融危机负面效应的消散、制造业发展质量的提升以及"一带一路"倡议的顺利推进。

中国高端装备制造业细分行业的全球价值链嵌入强度指数存在一定的离散性，C_4 行业（计算机、通信和其他电子设备制造业）的全球价值链嵌入强度超过 C_1 行业（通用及专用设备制造业）的 80%。该结果表明，在既有全球价值链体系下，不同中国高端装备制造业细分行业所在全球价值链的构成具有较大差异性，该结果表明部分细分行业的原材料供给和市场销售高度依赖国际市场，而另一部分细分行业则主要与国内市场的制造业发展现状相符。

综上所述可以看出，中国高端装备制造业在实证研究时段内的全球价值链嵌入强度指数和全球价值链嵌入位势呈现出基本一致的稳定上升趋势。结合高端装备制造业的发展实践可以推断，制造业全球价值链嵌入强度指数和全球价值链嵌入位势间存在双螺旋式的相互促进作用：一方面，中国高端装备制造业全球价值链嵌入强度指数的提高不仅拓展了其资源获取空间，而且，可以通过"干中学"等途径提高其资源配置能力和全球价值链治理能力，从而有效提升其全球价值链嵌入位势；另一方面，中国高端装备制造业全球价值链嵌入位势的提升不仅有助于其利用顶端优势构建利己型的全球价值链体系以获取超额利润，而且，相应示范效应和带动效应会进一步强化其嵌入全球价值链的意愿和行为，从而提升制造业全球价值链嵌入强度指数。在此基础上，实证揭示全球价值链嵌入强度指数对全球价值链嵌入位势的影响。

三、高端装备制造业技术优势

1. 高端装备制造业技术优势测度

基于模型（5-1）~模型（5-3），对不考虑影响因素情形时全球价值链下中国高端装备创新成果直接产出效率、经济转化效率和制造业全球价值链攀升效率等三阶段效率进行测度，得到测度结果如图5-3~图5-5所示。

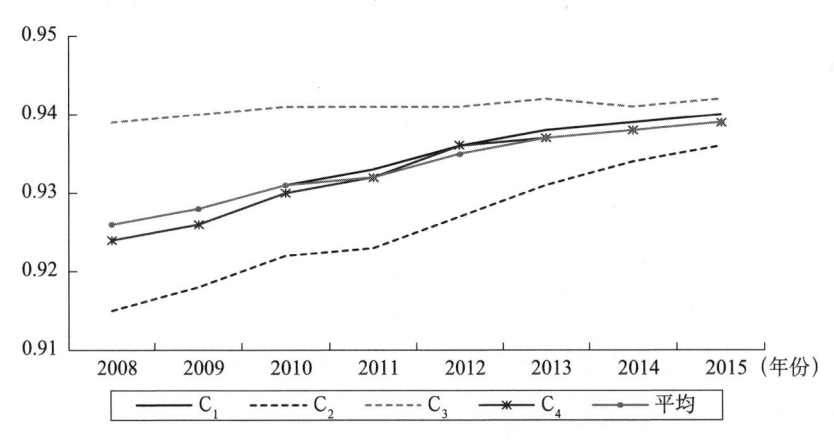

图5-3 中国高端装备创新成果直接产出效率（UC）

注：UC代表不考虑影响因素，C代表考虑影响因素，下同。

资料来源：笔者根据数据计算整理而得。

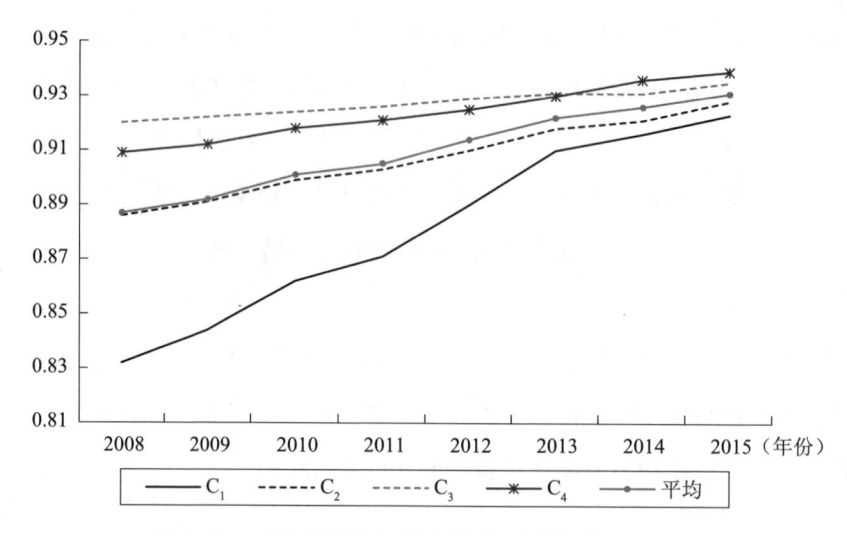

图 5-4 中国高端装备创新成果经济转化效率（UC）

资料来源：笔者根据数据计算整理而得。

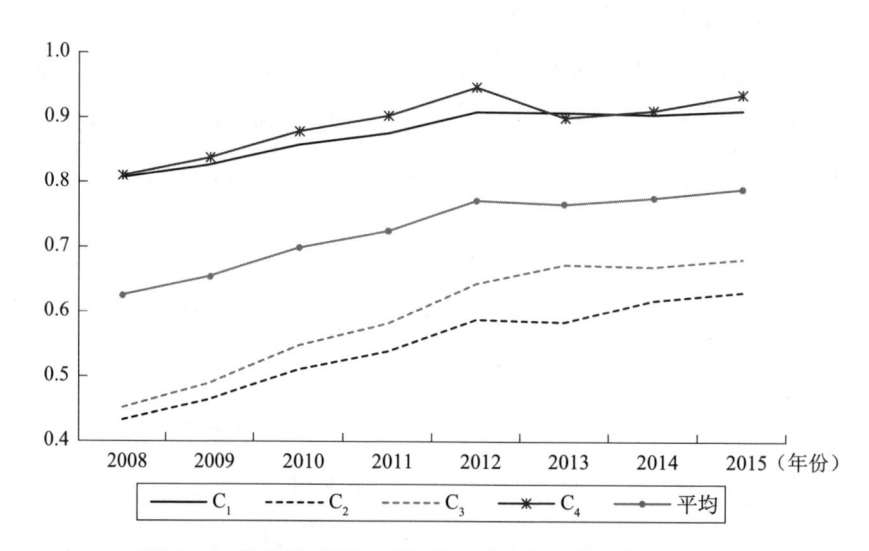

图 5-5 中国高端装备创新的全球价值链攀升效率（UC）

资料来源：笔者根据数据计算整理而得。

基于模型（5-4）~模型（5-6），对考虑影响因素情形时全球价值链下中国高端装备创新成果直接产出效率、经济转化效率和制造业全

第五章 制造业全球价值链嵌入与技术优势

球价值链攀升效率等三阶段效率进行测度，得到测度结果，如图 5-6~图 5-8 所示。

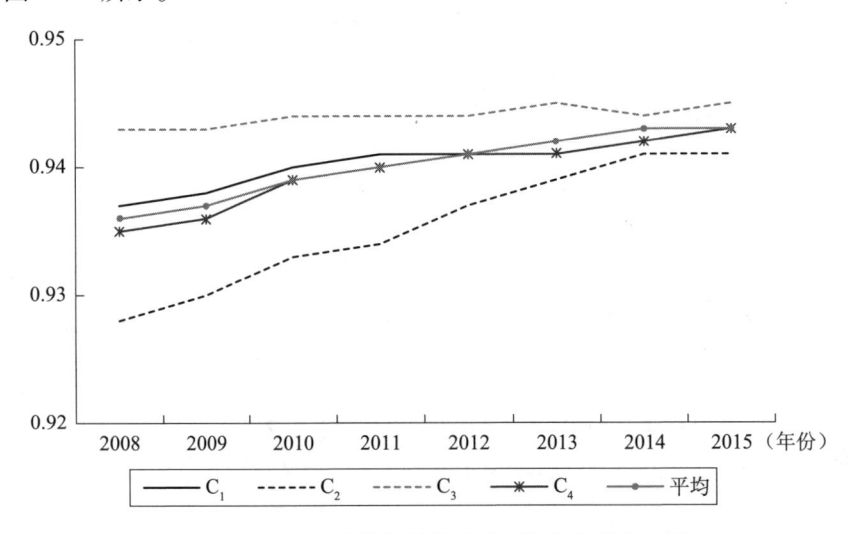

图 5-6 中国高端装备创新成果直接产出效率（C）

资料来源：笔者根据数据计算整理而得。

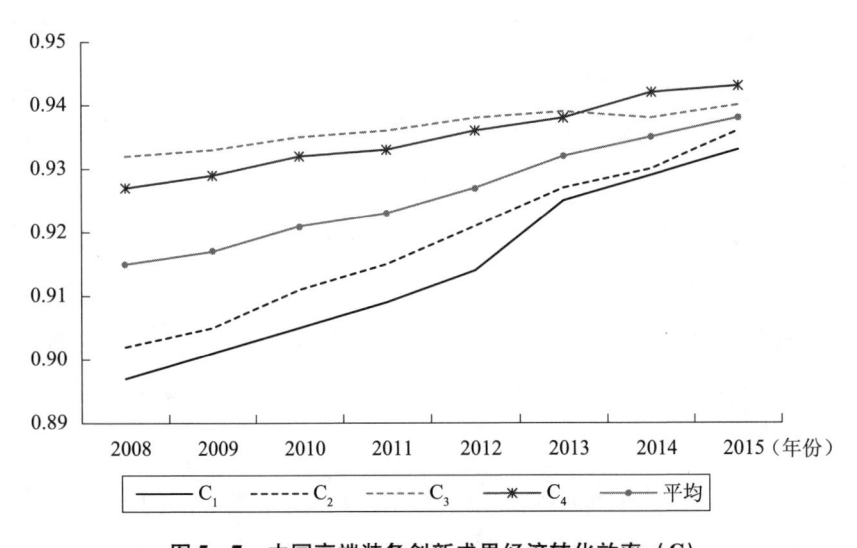

图 5-7 中国高端装备创新成果经济转化效率（C）

资料来源：笔者根据数据计算整理而得。

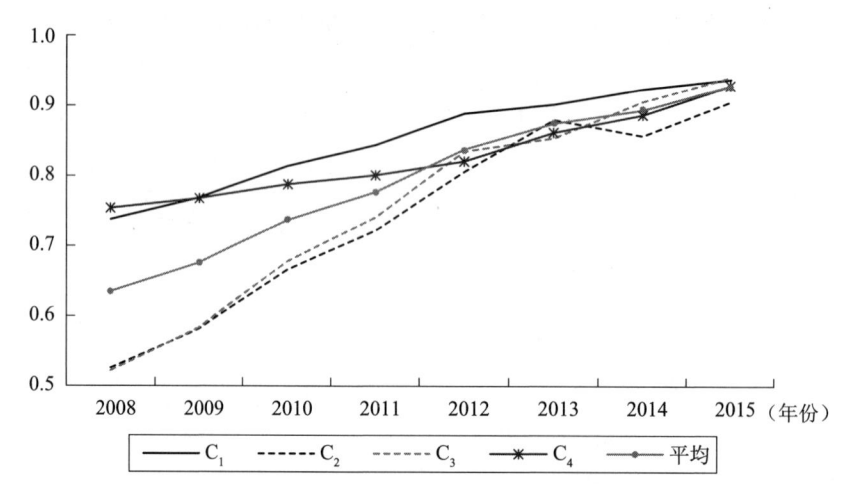

图 5-8　中国高端装备创新的全球价值链攀升效率（C）

资料来源：笔者根据数据计算整理而得。

2. 高端装备制造业技术三阶段优势比较

通过对考虑技术因素影响因素和不考虑技术优势影响因素两种情形下中国高端装备制造业技术三阶段优势的对比性分析可以发现，其技术优势演进存在如下规律。

第一，在实证研究时段内，中国高端装备制造业及其各细分行业的技术创新直接产出效率、经济转化效率和制造业全球价值链攀升效率均呈现出相对稳定上升态势，但上升幅度趋缓，个别细分行业的技术优势提升幅度已趋于0，甚至出现个别年份的短暂下降。该结果说明，近些年来，中国高端装备制造业能够不断改善其研发资源配置能力及其对技术创新活动的管控能力，但进一步提高和改善的空间已不大。

第二，在实证研究时段，中国高端装备制造业细分行业的技术三阶段优势呈现出一定的离散性。创新直接产出效率方面，效率最高的行业为 C_3（电气机械和器材制造业），最低的行业为 C_2（运输设备制造业）；创新经济转化效率方面，效率最高的行业为 C_3（电气机械和器材

第五章 制造业全球价值链嵌入与技术优势

制造业），最低的行业为 C_1（通用及专用设备制造业）；制造业全球价值链攀升效率方面，效率最高的行业为 C_4（计算机、通信和其他电子设备制造业），最低的行业为 C_2（运输设备制造业）。结合中国高端装备制造业细分行业的制造业实践来看，该结果与制造业发展实践和创新实践基本相符。进一步分析可知，现有全球价值链体系下中国高端装备制造业细分行业中的劳动密集型行业或资本密集型行业能够获得较好的制造业发展空间和创新空间，并取得较高绩效；而技术密集型行业和知识密集型细分行业的技术创新活动及制造业发展，则受到全球价值链高端价值环节的强力制约。

第三，通过对比性分析可知，考虑影响因素时的制造业研发效率高于不考虑影响因素时的制造业研发效率（0.933 < 0.940，0.910 < 0.926，0.726 < 0.795）。排除数理因素，该结果在一定程度上说明中国当前已经形成了有利于创新的政治经济环境，这与中国将创新确定为重要国家战略、大力改善创新环境的现状高度相符。

第四，中国高端装备创新直接产出效率、经济转化效率和制造业全球价值链攀升三阶段效率呈现依次下降趋势。一方面，该结果说明，相比于制造业研发资源投入，能够以较高效率转化为专利等直接成果产出，但在进一步实现经济转化时所有专利不会都实现经济转化；另一方面，该结果还说明，新产品等经济转化的高效产出并不能必然提升中国高端装备制造业的全球价值链嵌入位势，这一结论也与中国"重研发、轻转化"的制造业传统顽疾以及"全球价值链低端锁定"等制造业现状相吻合。

基于 SFA 方法实现对高端装备制造业技术优势影响因素的"一步法"测度，得到全球价值链下制造业技术优势影响因素的影响强度、影响方向和影响显著性，见表 5-2。

表 5-2　　　　　　　制造业技术优势影响因素的影响

待估项	对成果产出效率影响 UC	对成果产出效率影响 C	对经济转化效率影响 UC	对经济转化效率影响 C	对全球价值链攀升影响 UC	对全球价值链攀升影响 C
Hs	0.203 56*	0.178 34**	0.438 64*	0.321 75*	0.335 31**	0.221 65***
Fi	0.185 74***	0.409 63***	0.400 56*	0.359 75**	0.127 82**	0.238 75***
Hz	0.932 19***	0.486 52***	0.463 68*	0.553 68*	0.458 23***	0.321 67***
Do			0.543 24***	0.617 54***		
Et					0.217 43**	0.174 35**
Es		0.412 61***		0.803 66*		0.204 54**
Eo		-0.739 07*		-0.121 66*		-0.161 45***
Ic		0.451 59**		-0.178 36*		-0.297 32**
Ge		0.711 28**		0.624 21**		0.878 23**
T		-0.573 43*		-0.212 16*		0.641 23**
σ^2	4.211 36***	1.799 83***	1.612 38***	0.618 78***	2.807 31***	0.890 66***
γ	0.494 25***	0.609 75***	0.513 41***	0.532 77***	0.753 78**	0.765 98***

注：*、**、***分别表示在10%、5%与1%显著性水平上显著。

四、高端装备制造业技术优势提升策略设计

1. 投入因素及其对应效率提升策略分析

实证研究结果显示，全球价值链下中国高端装备制造业各类研发资源投入对其技术三阶段优势均具有较为显著的正向影响，说明增加人力资源和资金的投入，提升人力资源质量均可以有效提升制造业的技术三阶段优势。技术创新过程中各阶段投入的人力资源的影响高于资金资源的影响，说明技术创新的研发活动主要是"人的工作"，因此，相应的引智工程对提高中国高端装备制造业的技术三阶段优势至关重要。研发人力资源质量对制造业技术优势的影响大于其数量的影响，说明高端装备制造业的技术创新活动是一个技术、知识密集的制造业活动，高质量人才是提高制造业技术三阶段优势的关键。

基于上述分析，可以在制造业研发资源投入方面采取如下策略来提升中国高端装备制造业的技术优势：一是在各类研发资源投入规模达到

第五章 制造业全球价值链嵌入与技术优势

效率拐点前进一步增加资源的投入力度；二是改变研发资源投入方式，各创新活动主体应根据实际情况将对创新各阶段活动直接的资金资源支持转变为人力资源支持；三是针对高端装备制造业技术与知识密集的制造业特点，有针对性地进行引智工程的工程建设，在全球范围内吸引顶尖人才的加入，提高研发人力资源质量。

2. 影响因素及其对应效率提升策略分析

企业规模因素对中国高端装备创新成果直接产出效率、成果转化效率和全球价值链攀升效率均会产生正向作用，其对技术创新经济转化效率的影响最为突出（0.803 66），对技术创新成果直接产出效率的影响次之（0.412 61），而对全球价值链攀升效率的影响最小（0.204 54）。该结果说明较大的企业规模会在技术创新各阶段形成规模经济效应，从而全面提升技术三阶段优势。而企业规模对制造业技术三阶段优势影响的差异性则说明，较大企业规模所形成的优势主要体现在经济转化价值环节，而在技术创新直接产出和全球价值链攀升等方面所形成的相对优势则不甚明显，该结果与制造业中"很多重要创新由小企业实现"和"部分小企业占据全球价值链"顶端的制造业发展实践相符。

所有制因素对中国高端装备制造业技术三阶段优势分别具有权重为0.739 07、0.121 66和0.161 45的负向影响，结合该因素的评价指标可以推断，国有成分在一定程度上抑制了中国高端装备制造业技术三阶段优势。结合研发资源投入因素对制造业技术优势影响的测度结果可以推断，造成国有成分产生负向影响主要原因可能是国有成分的管理体制较为僵化，无法根据自身需要灵活引进行业内的高端人才等优质研发资源。

市场结构因素对中国高端装备制造业技术三阶段优势的影响具有较高的异质性，其对技术创新成果直接产出效率具有较高的正向影响（0.451 59），而对于后两阶段效率则分别具有权重为0.178 36和

0.297 32 的负向影响。基于以"制造业内企业数量"评价市场结构因素的指标选择可以推断：行业内企业数量的增加能够有效促进行业竞争，从而促使企业增加研发资源投入并改善对技术创新过程管理，从而提高了创新成果直接产出效率；而企业数量的持续增加会给市场带来无序竞争甚至是恶性竞争的恶果，从而影响其技术创新成果的经济转化效率，而缺乏大型核心企业也会对制造业全球价值链嵌入位势的提升产生负向影响。

全球价值链嵌入强度指数对中国高端装备制造业技术三阶段优势分别具有权重为 0.711 28、0.624 21 和 0.878 23 的正向影响，说明深入嵌入全球价值链体系有利于制造业技术三阶段优势的显著提升。该结果说明中国高端装备制造业全球价值链嵌入强度指数的提高不仅拓展了其研发资源获取空间，而且可以利用全球价值链体系通过"干中学"等途径提高其研发资源配置能力和技术创新过程的管控能力，从而有效提升制造业技术三阶段优势。

创新成果直接产出对制造业经济转化效率具有显著的正向影响，同理，技术创新成果经济转化对制造业全球价值链攀升也具有正向影响。该结果说明制造业技术三阶段优势具有依次促进关系，从技术创新成果直接产出的源头加强研发建设对提升制造业技术优势具有重要意义。

时序变量的影响说明中国高端装备创新直接产出效率和经济转化效率会随时间推移不断下降，而全球价值链攀升效率则会不断提升。该结果与当前制造业专利产出较大、产值较大，而全球价值链嵌入位势较低、提升空间较大制造业发展实践相符。

基于对中国高端装备制造业技术优势影响因素的分析，可以在创新影响因素方面采取如下策略来提升中国高端装备制造业的技术优势：一是提高中国高端装备制造业的企业规模，鼓励企业间的合作、兼并与合并，形成具有国际竞争力的企业集团或企业联合体，扩大企业规模；二

第五章 制造业全球价值链嵌入与技术优势

是促进中国高端装备制造业内非公成分发展，为其发展提供各类政策和资源支持；三是对中国高端装备制造业的行业结构进行引导，既要"防垄断"，又要"防恶性竞争"，是市场处于技术创新的适宜状态；四是进一步嵌入全球价值链体系，谋求全球价值链体系下的话语权和资源配置权，积极构建 NVC 体系。

本章基于对全球价值链嵌入因素的解构，构建了技术三阶段优势评价体系，并以中国高端装备制造业为例进行实证研究，揭示了制造业技术三阶段优势现状、演进规律及影响因素的异质性影响，并在此基础上提出了制造业技术三阶段优势的提升策略。该研究不仅对进一步丰富创新研究体系具有一定理论价值，而且对提高制造业技术优势、实现制造业全球价值链攀升具有一定的现实指导意义。

第六章　提升制造业全球价值链竞争优势的政策建议

当前，中国已经成为全球最大的制造业出口国，其全球价值链嵌入的市场优势、网络优势均呈现出较快速度的提升。其中，市场优势作为中国制造业的传统优势，仍然十分明显。并且，与大部分主要发达国家相比，中国不同技术制造业——高技术、中技术、低技术制造业的市场优势、网络优势均在不同程度上有所增强。

然而，研究也表明，中国制造业全球价值链嵌入中的网络优势还有待进一步提升。其中，虽然网络强度指数已经具有绝对优势，网络中心地位不断提升。然而，中国制造业在全球贸易伙伴关系相对集中，在全球生产网络中运用结构洞的能力也明显低于欧美主要发达国家。此外，中国高技术制造业网络优势与主要发达国家明显缩小，甚至超过部分国家，但是，总体水平与欧美主要发达国家仍然存在明显差距；与此同时，中国一直占有绝对优势的低技术制造业网络优势相对削弱。高技术制造业全球价值链嵌入位置由下游迅速向上游移动，并且，在网络中心度指数和网络强度指数方面均拥有较为明显的优势，在出口网络中的优势尤为突出。尽管如此，中国在贸易伙伴关系分布差异和结构洞运用能力方面与欧美主要发达国家之间仍有较大差距。

基于中国制造业在全球价值链嵌入过程中市场优势、网络优势的演变以及网络特征及各国制造业价值链嵌入位置的影响，提出提升中国制造业全球价值链竞争优势、促进中国制造业优化升级的政策建议。

第六章　提升制造业全球价值链竞争优势的政策建议

第一节　以技术创新驱动建设制造强国

从改革开放初期开始的相当长一段时间内，中国制造业主要利用其丰富的劳动力资源从事加工组装的活动，使贸易规模实现了量的飞跃，成为"世界工厂"。然而，仍然主要处于"微笑曲线"的中低端生产环节，嵌入在全球价值链的中下游。

近年来，随着中国在全球制造业生产网络的中心度指数、网络强度指数及网络自由度指数的不断提高，其在全球生产网络的位置越来越靠近核心地带，贸易规模居于全球前列，贸易伙伴关系分布也日益多元化和均匀化。

伴随全球经济一体化加深，全球先进技术及技术含量高的生产要素加速跨国转移，中国制造业应抓住技术流动所带来的机遇，以此为契机引领技术创新能力的提升，促进其高质量发展，由"制造大国"向"制造强国"推进。这也是新时代中国制造业面临的艰巨、紧要的战略任务。为实现这一目标，我们从以下几方面提出一些政策建议。

一、以高技术制造业引导产业升级

高技术制造业主要由电子及光电设备等部门构成，多数为知识和技术密集型产业。

第一，各国高技术制造业贸易存在较强的进入壁垒及技术垄断行为，其信息及资源分布严重不均且传递效率较低。20世纪以来，中美贸易争端不断。近年来，美国欲对中国高技术制造业痛下狠手，打乱了全球价值链的"往复循环传导机制"。这说明在建设制造强国过程中，中国必须时刻注意那些"卡住喉咙"的核心技术和关键部件，其在关键时期能够对中国重要部门的生产活动造成威胁。国家相关部门应制定相应政策,鼓励高技术产业和战略新兴产业向全球价值链的上游攀升,用心钻研价值链上知识和技术密集的环节,努力在技术上实现突破,掌握全球价值链上无法替代的技术环节。

第二,高技术制造业的研发过程具有多阶段性,其工业产品的生产过程呈现复杂化特征。这会促使一国投入较高的物资资本及高素质劳动力,同时,寻求更多的优质技术资源。因此,中国应在制造业领域投入更多研发资本,提高创新性技术的吸收与转化效率,切实增强自主创新能力,鼓励中国制造业企业从全球生产网络转向全球创新网络,缩小与美国、德国等发达国家之间的技术差距,早日实现从制造大国向制造强国的转变。高等院校、科研院所是技术创新系统中重要组成部分,其科研人员能够提供大量精尖人才和高水平的研究成果。因此,应继续鼓励高校与企业、研究机构之间的合作交流,建立创新创业孵化基地,做到产学研相结合,进一步带动中国制造业快速转型升级。

二、以优惠贸易政策吸引跨国公司

一国的劳动力资源越富余,越能够吸引更多跨国公司进行直接投资,通过外商直接投资带来的"干中学"效应能够提高熟练劳动力的比例,进一步根据"人口红利"提升制造业技术溢出效应,加快技术吸收及转化的速度,促进本国经济高质量增长。中国作为全球劳动力资源最丰富的国家之一,跨国公司的引进可以为中国带来就业机会,提高劳动资源的利用率;同时,可以将丰富的劳动力资源转化为资本资源,加快资本积累的速度从而实现规模经济,进一步推进制造强国建设。在发展过程中,中国部分区域存有大量的剩余农村劳动力,吸引跨国公司投资可以提升中国区域间农村剩余劳动力的转移,加强农村劳动力的技能学习和熟练程度,进一步能够促进劳动力素质的

第六章 提升制造业全球价值链竞争优势的政策建议

提升。

首先,相关部门应制定相关政策放宽跨国公司进入国内市场的准入管制,增加市场经济的竞争性,鼓励中国企业不断学习和探索,通过竞争效应加强本国工业技术的研发,提高工业品的创新性。

其次,制定优惠政策吸引来自发达国家企业来华投资,为优质外商创造更有吸引力的投资环境。一方面,跨国公司带来的研发项目和开发方案,通过增加中外合资开发项目的比例来促进本国新兴产业的崛起;另一方面,中国民族企业应加强产权保护,鼓励正当竞争,反对恶意垄断,维护公平公正的市场秩序。

最后,扩大跨国公司的引进力度和范围,从重视资本数量转向注重技术创新,引导跨国公司投资偏向技术密集型产业及高技术制造业,国内同行企业通过跨国公司的示范效应和人力资本效应提高其员工的学习能力,优化劳动力就业技能结构,实现"人口红利"向"人才红利"的转变。但在部门结构调整及转型过程中,要警惕国内企业对跨国公司结构性依赖,规避低附加值环节的"锁定效应"。

第二节 以全面开放推进建设贸易强国

要推进贸易强国建设。一方面,要继续加快高水平、高质量对外开放,以多国贸易合作实现优势互补,在全球贸易格局中占据有利地位,更好地利用国际市场和国外资源带动本国贸易发展;另一方面根据国际贸易发展新趋势,积极培育自由贸易新形态,促进中国制造业贸易高质量发展。

一、以多国贸易合作实现优势互补

研究表明,一国与较多国家建立制造业贸易关系,可以在众多贸易伙伴中选择能够优化本国制造业贸易结构的国家进行合作，实现优势互补；同时，面临来自其他国家的竞争力较大，本国会加大研发资本投入促使技术进步与创新。另外，一国的贸易广度越大，其对单个国家的贸易依赖度越小，其获取有利于本国制造业发展的优质资源越广。而仅提高其贸易规模，可能会在贸易伙伴国之间形成资本流动路径依赖。因此，一国贸易规模不仅要注重"大"更要注重"广"，通过扩展其贸易空间与多国开展贸易合作，有助于其全球价值链嵌入位置的提升。

加强与世界各国之间的经贸合作，积极开拓新兴市场，增加有效贸易伙伴，扩大有效贸易规模，提升中国在制造业在全球生产网络中的影响力和控制力。尤其在中美贸易摩擦的新形势下，继续坚持并加快推进与"一带一路"沿线国家及地区的多方位合作。保持各国基础设施建设联通、贸易往来畅通、资金流动融通、人文交流互通，通过贸易互补实现双边贸易合作共赢。积极依托金砖国家、G20集团、亚太经合组织、联合国等机制平台开展一系列贸易合作，寻找贸易机会以强化合作力度。通过与贸易伙伴及所在区域签订双边、多边及区域自由贸易协定，扩大中国在区域经济贸易的影响，进一步减弱对单个贸易伙伴的市场依赖。

针对贸易资源互补强度较高的国家进行部门投资和开发，建立长效的多边贸易合作机制。同时，以中国国际进口博览会（CIIE）为引领，积极扩大国外优质工业品和服务进口，深化交流合作，不断削减贸易壁垒，推动全球价值链国际分工机制更加完善，进一步提升中国在国际市场的吸引力、影响力。

此外，还应进一步推动东亚区域一体化进程。虽然中国制造业已经具有全面的市场优势，并且，总体网络优势不断增强，然而，日本全球竞争优势以较快速度全面削弱，韩国全球分工位置、出口中心性和贸易

第六章 提升制造业全球价值链竞争优势的政策建议

自由度劣势有所扩大。这些表明，全球制造业去东亚化趋势有所加强。因此，应加快建立东亚自由贸易区的步伐，加强和深化中国、日本、韩国三国制造业区域价值链嵌入的分工合作，消除区域贸易壁垒，通过提升东亚地区全球市场优势、分工位置以及在全球网络中的中心地位和贸易自由化程度，促进中日韩三国及东亚地区在全球竞争中整体优势的进一步提高。

二、以自由贸易政策营造良好氛围

通过国家出台有关于消除进出口贸易限制和壁垒的政策，对本国进出口商品实行相关特权和优惠，使商品能够自由地进出国门，在国内及国际市场上自由竞争。自由贸易能够提升信息及资源在全球贸易网络的传递效率，从而促进贸易资源地理分布的均匀化，增加了一国的有效贸易关系；同时，由于资源的稀缺性，自由贸易能够降低一国获取资源的限制程度，为一国经济发展带来更多便利，促使其在全球价值链嵌入位置的提升。在全球价值链背景下，自由贸易的发展促进了国家间贸易利得的加速流动和重新分配，打破了国家边界，同时增强了技术因素及群体组织对贸易利得分配的影响作用。

面临近年来逆全球化思潮盛行和保护主义抬头，国家及相关部门要努力提高贸易自由化程度，积极推进自由贸易试验区的创立，以高标准建设面向世界的自由贸易区网络，构建开放型经济新体制和全方位对外开放新格局。目前，中国已在18个省（区市）分批建立覆盖30多个国家的自由贸易试验区，进一步协调国内各区域与国家进、出口贸易共同发展，并将在自由贸易试验区中实行优化营商环境的创新政策，以全面开放合作促进贸易强国建设。同时，加快建设海南自由贸易港和粤港澳大湾区，刺激港口与国家间物流发展，以陆海内外相互联动促进更深层次的贸易开放。在自由贸易试验区或自由贸易港试点成功的国际贸易新规则可进一步推向全国，推动创新型中国贸易政策体系的建设。

第三节　以产业调整引领建设经济强国

一、以产品多样化打造精细制造业

制造业部门繁多，新产品层出不穷，现有产品的改进空间很大，因此具备巨大创新空间。中国是世界制造大国，其出口规模居全球首位。同时，很多制造部门规模宏大，但技术质量较低，其核心部件和关键技术都被发达国家所垄断，比如手机等电子产品的芯片、飞机的发动机等。这些部门都是中国在建设经济强国的重点部门，也是实现全球价值链升级的核心部门。在工业化高峰过去之后，制造部门精细化是中国制造业结构调整、功能升级的必经之路。打造制造部门精细化，提高工业品的多样性，促使中国企业在某些细分部门走在世界前列。

中国出口的工业品越精细化，越能满足多国需求，该产品越具有竞争优势，能够促进其在全球价值链地位的攀升。一方面，可以减少中国制造业对欧美发达国家的高度依赖，摆脱被长期锁定在全球价值链低端的现象。另一方面，精细化分工有利于节约信息收集时间，有效处理创新中的不确定性并提高研发效率，降低失败成本。

二、以产品结构调整优化贸易结构

相较于全球制造业及美国、日本等发达国家，中国制造业最终产品出口占总出口的比重较高，这说明中国制造业出口产品主要用于满足国外最终需求，从事加工组装等技术含量低的生产活动，位于全球价值链的较低位置。国家应出台相关政策提升工业中间产品的技术含量，增加工业中间产品的附加值，促进工业中间产品出口逐渐流向具有高附加价

第六章 提升制造业全球价值链竞争优势的政策建议

值的生产过程,这样也可提升最终产品的技术含量,进一步推动企业整体技术水平的提升。同时,鼓励企业进口高质量的中间产品,制定相关政策有针对性地削减企业进口中间产品的关税以降低多阶段的生产成本,进一步提升中间产品的市场优势和网络优势,增强中间产品的总体竞争优势。

附　录

附表1　　　　2000~2017年主要国家制造业总出口　　　　单位：亿美元

年份	中国	德国	法国	英国	意大利	日本	韩国	美国	全球
2000	2 199	4 832	2 728	2 330	2 125	4 497	1 549	6 464	46 895
2001	2 358	5 015	2 718	2 251	2 150	3 744	1 355	6 024	45 127
2002	2 926	5 418	2 751	2 311	2 231	3 875	1 488	5 710	47 516
2003	3 970	6 557	3 235	2 500	2 582	4 388	1 777	5 892	55 014
2004	5 424	7 938	3 707	2 809	3 097	5 243	2 311	6 640	66 246
2005	7 003	8 439	3 758	2 981	3 222	5 464	2 582	7 303	73 027
2006	8 954	9 525	3 963	3 481	3 577	5 865	2 901	8 188	82 640
2007	11 361	11 403	4 448	3 347	4 275	6 409	3 304	8 972	95 332
2008	13 314	12 341	4 807	3 263	4 564	6 932	3 650	9 628	104 758
2009	11 247	9 639	3 831	2 703	3 400	5 080	3 225	8 001	83 797
2010	14 765	10 832	4 037	3 018	3 672	6 802	4 115	9 438	99 889
2011	17 719	12 563	4 585	3 412	4 251	7 252	4 733	10 493	115 189
2012	19 249	11 928	4 398	3 382	4 000	7 097	4 626	11 018	115 029
2013	20 772	12 346	4 506	3 396	4 223	6 263	4 807	11 249	118 591
2014	22 017	12 820	4 548	3 511	4 379	6 046	4 954	11 644	122 872
2015	21 437	11 469	4 019	3 324	3 800	5 452	4 707	11 269	113 307
2016	19 657	11 605	4 021	3 156	3 857	5 632	4 446	10 897	111 398
2017	21 164	12 651	4 261	3 292	4 208	6 044	5 114	11 270	121 164

资料来源：世界贸易组织（WTO）。

附表 2　　　　2000～2017 年主要国家制造业增加值　　　　单位：亿美元

年份	中国	德国	法国	英国	意大利	日本	韩国	美国	世界
2000	—	3 992	1 972	2 236	2 010	11 025	1 461	15 498	61 589
2001	—	3 955	1 931	2 069	2 001	9 147	1 315	14 733	57 821
2002	—	4 094	2 030	2 201	2 136	8 594	1 475	14 705	58 514
2003	—	4 952	2 410	2 409	2 539	9 385	1 624	15 258	65 002
2004	6 252	5 628	2 684	2 682	2 866	10 272	1 967	16 098	72 676
2005	7 337	5 711	2 690	2 694	2 888	10 293	2 292	16 939	77 800
2006	8 931	6 182	2 719	2 784	3 040	9 792	2 538	17 951	84 142
2007	11 497	7 135	3 090	3 017	3 527	9 968	2 858	18 473	94 546
2008	14 757	7 479	3 241	2 812	3 711	10 795	2 586	18 032	102 294
2009	16 120	6 008	2 849	2 207	3 005	10 016	2 350	16 951	93 458
2010	19 243	6 689	2 729	2 364	3 037	11 875	3 043	17 890	105 655
2011	24 214	7 576	2 975	2 517	3 258	12 109	3 424	18 577	117 858
2012	26 901	7 110	2 781	2 533	2 891	12 240	3 444	19 197	120 160
2013	29 353	7 438	2 911	2 669	2 972	10 021	3 687	19 818	122 549
2014	31 842	7 855	2 932	2 873	3 018	9 570	3 880	20 394	126 845
2015	32 025	6 848	2 544	2 724	2 643	9 136	3 745	21 162	122 009
2016	31 531	7 191	2 541	2 451	2 775	10 186	3 789	20 807	122 318
2017	34 603	7 538	2 631	2 394	2 926	10 073	4 221	21 733	130 681

资料来源：世界银行。

附表 3　　　　　　　　不同技术制造业分类

技术水平	ISIC_rev4 编号	列号	行业描述
高技术产业	C21	r12	基础药剂及药品
	C26	r17	计算机、电子和光学
	C27	r18	电气设备
	C28	r19	机械设备
	C29	r20	汽车、拖车交通运输设备
	C30	r21	其他交通运输设备
中技术产业	C19	r10	焦炭与精炼石油制品
	C20	r11	化学与化工制品
	C22	r13	橡胶和塑料制品
	C23	r14	其他非金属矿产制品
	C24	r15	基本金属制品
	C25	r16	金属制品

续表

技术水平	ISIC_rev4 编号	列号	行业描述
低技术产业	C10 ~ C12	r5	食品、饮料和烟草制品
	C13 ~ C15	r6	纺织品、服装及皮革制品
	C16	r7	木材、软木及编织制品
	C17	r8	纸浆、纸制品
	C18	r9	印刷、复制品
	C31 – C32	r22	家具和其他制造业

附表4 2008~2015年中国高端装备制造业全球价值链价值位势及嵌入强度

项目		2008年	2009年	2010年	2011年	2012年	2013年	2014年	2015年
全球价值链位势	C_1	0.074	0.086	0.096	0.102	0.111	0.119	0.127	0.14
	C_2	0.068	0.076	0.081	0.098	0.107	0.114	0.123	0.136
	C_3	0.069	0.078	0.084	0.097	0.105	0.112	0.12	0.13
	C_4	0.079	0.087	0.097	0.101	0.109	0.118	0.123	0.138
	平均	0.073	0.082	0.089	0.1	0.108	0.116	0.123	0.136
全球价值链嵌入强度	C_1	0.209	0.176	0.180	0.193	0.205	0.216	0.236	0.240
	C_2	0.223	0.199	0.203	0.215	0.226	0.237	0.260	0.257
	C_3	0.209	0.182	0.186	0.198	0.210	0.221	0.242	0.240
	C_4	0.365	0.320	0.326	0.328	0.329	0.345	0.378	0.432
	平均	0.252	0.219	0.224	0.233	0.243	0.255	0.279	0.292

附表5 2008~2015年中国高端装备制造业R&D成果直接产出效率、经济转化效率及全球价值链攀升效率（UC）

项目		2008年	2009年	2010年	2011年	2012年	2013年	2014年	2015年	平均
直接产出效率	C_1	0.926	0.928	0.931	0.933	0.936	0.938	0.939	0.94	0.934
	C_2	0.915	0.918	0.922	0.923	0.927	0.931	0.934	0.936	0.925
	C_3	0.939	0.94	0.941	0.941	0.941	0.942	0.941	0.942	0.941
	C_4	0.924	0.926	0.93	0.932	0.936	0.937	0.938	0.939	0.933
	平均	0.926	0.928	0.931	0.932	0.935	0.937	0.938	0.939	0.933
经济转化效率	C_1	0.832	0.844	0.862	0.871	0.89	0.91	0.916	0.923	0.881
	C_2	0.886	0.891	0.899	0.903	0.91	0.918	0.921	0.928	0.907
	C_3	0.92	0.922	0.924	0.926	0.929	0.931	0.931	0.935	0.927
	C_4	0.909	0.912	0.918	0.921	0.925	0.93	0.936	0.939	0.923
	平均	0.887	0.892	0.901	0.905	0.914	0.922	0.926	0.931	0.91

续表

项目		2008年	2009年	2010年	2011年	2012年	2013年	2014年	2015年	平均
全球价值链攀升效率	C_1	0.807	0.827	0.858	0.876	0.909	0.908	0.905	0.911	0.875
	C_2	0.433	0.465	0.511	0.539	0.588	0.584	0.618	0.631	0.546
	C_3	0.452	0.49	0.548	0.582	0.644	0.673	0.67	0.682	0.593
	C_4	0.81	0.838	0.879	0.903	0.947	0.9	0.911	0.936	0.89
	平均	0.626	0.655	0.699	0.725	0.772	0.766	0.776	0.79	0.726

附表6　2008~2015年中国高端装备制造业R&D成果直接产出效率、经济转化效率及全球价值链攀升效率（C）

项目		2008年	2009年	2010年	2011年	2012年	2013年	2014年	2015年	平均
直接产出效率	C_1	0.937	0.938	0.94	0.941	0.941	0.942	0.943	0.943	0.941
	C_2	0.928	0.93	0.933	0.934	0.937	0.939	0.941	0.941	0.935
	C_3	0.943	0.943	0.944	0.944	0.944	0.945	0.944	0.945	0.944
	C_4	0.935	0.936	0.939	0.94	0.941	0.941	0.942	0.943	0.94
	平均	0.936	0.937	0.939	0.94	0.941	0.942	0.943	0.943	0.94
经济转化效率	C_1	0.897	0.901	0.905	0.909	0.914	0.925	0.929	0.933	0.914
	C_2	0.902	0.905	0.911	0.915	0.921	0.927	0.93	0.936	0.919
	C_3	0.932	0.933	0.935	0.936	0.938	0.939	0.938	0.94	0.936
	C_4	0.927	0.929	0.932	0.933	0.936	0.938	0.942	0.943	0.935
	平均	0.915	0.917	0.921	0.923	0.927	0.932	0.935	0.938	0.926
全球价值链攀升效率	C_1	0.738	0.769	0.814	0.844	0.889	0.902	0.924	0.938	0.852
	C_2	0.526	0.582	0.666	0.722	0.806	0.88	0.857	0.906	0.743
	C_3	0.522	0.584	0.678	0.741	0.835	0.854	0.906	0.941	0.758
	C_4	0.754	0.768	0.788	0.801	0.821	0.862	0.887	0.929	0.827
	平均	0.635	0.676	0.737	0.777	0.838	0.875	0.894	0.929	0.795

参考文献

[1] 安志，路瑶．科技项目、科技认定与企业研发投入［J］．科学学研究，2019，37（4）：617－624，633．

[2] 白旭云，王砚羽，苏欣．研发补贴还是税收激励——政府干预对企业创新绩效和创新质量的影响［J］．科研管理，2019，40（6）：9－18．

[3] 迈克尔·波特．竞争优势——营造并保持最佳表现［M］．北京：华夏出版社，1985．

[4] 岑丽君．中国在全球生产网络中的分工与贸易地位——基于TiVA数据与GVC指数的研究［J］．国际贸易问题，2015（1）：3－13．

[5] 陈磊，宋丽丽．金融发展与制造业出口的二元边际——基于新新贸易理论的实证分析［J］．南开经济研究，2011（4）：67－85．

[6] 陈丽丽．中国出口产品的国际竞争力和竞争路径：演进和国际比较［J］．国际贸易问题，2013（7）：15－25．

[7] 陈衍泰，范彦成，汤临佳，王丽．开发利用型海外研发区位选择的影响因素——基于国家距离视角［J］．科学学研究，2018，36（5）：847－856，954．

[8] 陈银飞．2000～2009年世界贸易格局的社会网络分析［J］．国际贸易问题，2011（11）：31－42．

[9] 戴翔．中国制造业国际竞争力——基于贸易增加值的测算［J］．中国工业经济，2015（1）：78－88．

［10］戴翔．中国服务出口竞争力：增加值视角下的新认识［J］．经济学家，2015（3）：31-38．

［11］戴觅，余淼杰，马杜拉·迈特拉（Madhura Maitra）．中国出口企业生产率之谜：加工贸易的作用［J］．经济学（季刊），2014（2）：675-698．

［12］邓光耀．全球价值链下中国增加值贸易的核算及网络特征研究［J］．首都经济贸易大学学报，2019，21（5）：34-44．

［13］杜运苏，彭冬冬．制造业服务化与全球增加值贸易网络地位提升——基于2000~2014年世界投入产出表［J］．财贸经济，2018，39（2）：102-117．

［14］段文奇，刘宝全，季建华．全球贸易网络拓扑结构的演化［J］．系统工程理论与实践，2008（10）：71-75．

［15］董保宝，李全喜．竞争优势研究脉络梳理与整合研究框架构建——基于资源与能力视角［J］．外国经济与管理，2013（3）：2-11．

［16］樊茂清，黄薇．基于全球价值链分解的中国贸易产业结构演进研究［J］．世界经济，2014（2）：50-70．

［17］范剑勇，冯猛．中国制造业出口企业生产率悖论之谜：基于出口密度差别上的检验［J］．管理世界，2013（8）：16-29．

［18］费文博，于立宏，叶晓佳．融入国家价值链的中国区域制造业升级路径研究［J］．经济体制改革，2017（5）：61-68．

［19］冯军政，魏江．国外动态能力维度划分及测量研究综述与展望［J］．外国经济与管理，2011（7）：26-33．

［20］高国伟．异质性与混合型国际直接投资［J］．南开经济研究，2009（6）：76-87．

［21］高翔，黄建忠，袁凯华．价值链嵌入位置与出口国内增加值率［J］．数量经济技术经济研究，2019，36（6）：41-61．

［22］葛阳琴，谢建国. 中国出口增速下降的驱动因素研究——基于全球价值链分工的分层结构分解分析［J］. 数量经济技术经济研究，2018（2）：24-43.

［23］胡冬梅，潘世明. 我国区域出口分工模式、竞争优势及其动态演进［J］. 财经科学，2011（1）：91-100.

［24］黄光灿，王珏，马莉莉. 中国制造业全球价值链分工地位核算研究［J］. 统计与信息论坛，2018（12）：20-29.

［25］黄鲁成，张二涛，杨早立. 基于MDM-SIM模型的高端制造业创新指数构建与测度［J］. 中国软科学，2016（12）：144-153.

［26］黄永明，何伟，聂鸣. 全球价值链视角下中国纺织服装企业的升级路径选择［J］. 中国工业经济，2006（5）：56-63.

［27］胡昭玲，张咏华. 中国制造业国际分工地位研究——基于增加值贸易的视角［J］. 南开学报（哲学社会科学版），2015（3）：149-160.

［28］胡昭玲，李红阳. 参与全球价值链对我国工资差距的影响——基于分工位置角度的分析［J］. 财经论丛，2016（1）：11-18.

［29］黄先海，杨高举. 中国高技术产业的国际分工地位研究：基于非竞争型投入占用产出模型的跨国分析［J］. 世界经济，2010（5）：82-100.

［30］鞠建东，余心玎. 全球价值链研究及国际贸易格局分析［J］. 经济学报，2014（2）：126-149.

［31］鞠建东，余心玎. 全球价值链上的中国角色——基于中国行业上游度和海关数据的研究［J］. 南开经济研究，2014（3）：39-52.

［32］赖伟娟，钟姿华. 中国与欧、美、日制造业全球价值链分工地位的比较研究［J］. 世界经济研究，2017（1）：125-134.

［33］黎峰. 全球生产网络下的国际分工地位与贸易收益——基于主要出口国家的行业数据分析［J］. 国际贸易问题，2015（6）：33-42.

[34] 黎峰. 全球价值链分工下的双边贸易收益核算：以中美贸易为例 [J]. 南方经济, 2015 (8): 77-91.

[35] 黎峰. 全球价值链下的出口产品结构与贸易收益——基于增加值视角 [J]. 世界经济研究, 2016 (3): 86-96.

[36] 黎峰. 中国国内价值链是怎样形成的? [J]. 数量经济技术经济研究, 2016 (9): 76-94.

[37] 黎峰. 增加值视角下的中国国家价值链分工——基于改进的区域投入产出模型 [J]. 中国工业经济, 2016 (3): 52-67.

[38] 李静. 初始人力资本匹配、垂直专业化与产业全球价值链跃迁 [J]. 世界经济研究, 2015, 34 (1): 65-73, 128.

[39] 李敬, 陈旎, 万广华, 陈澍. "一带一路"沿线国家货物贸易的竞争互补关系及动态变化——基于网络分析方法 [J]. 管理世界, 2017 (4): 10-19.

[40] 李善同, 何建武, 刘云中. 全球价值链视角下中国国内价值链分工测算研究 [J]. 管理评论, 2018 (5): 9-18.

[41] 李昕. 贸易总额与贸易差额的增加值统计研究 [J]. 统计研究, 2012 (10): 15-22.

[42] 吕越, 黄艳希, 陈勇兵. 全球价值链嵌入的生产率效应: 影响与机制分析 [J]. 世界经济, 2017, 40 (7): 28-51.

[43] 廖泽芳, 毛伟. 中国的全球价值链地位与外部失衡: 附加值贸易关系网络的视角 [J]. 国际贸易问题, 2015 (12): 27-38.

[44] 廖泽芳, 宁凌. 中国的全球价值链地位考察——基于附加值贸易视角 [J]. 国际商务 (对外经济贸易大学学报), 2013 (6): 21-30.

[45] 刘诚达. 制造业单项冠军企业研发投入对企业绩效的影响研究——基于企业规模的异质门槛效应 [J]. 研究与发展管理, 2019, 31 (1): 33-43.

［46］刘海云，毛海欧．国家国际分工地位及其影响因素——基于"GVC 地位指数"的实证分析［J］．国际经贸探索，2015（8）：44 – 53.

［47］刘会政，宗喆．全球价值链下中欧增加值贸易测度及分解研究［J］．经济经纬，2018（1）：55 – 62.

［48］刘建江，杨细珍．产品内分工视角下中美贸易失衡中的贸易利益研究［J］．国际贸易问题，2011（8）：68 – 80.

［49］刘景卿，车维汉．国内价值链与全球价值链：替代还是互补？［J］．中南财经政法大学学报，2019（1）：86 – 98.

［50］刘志彪，吴福象．"一带一路"倡议下全球价值链的双重嵌入［J］．中国社会科学，2018（8）：17 – 32.

［51］刘志彪，张杰，全球代工体系下发展中国家俘获型网络的形成、突破与对策——基于 GVC 与 NVC 的比较视角［J］．中国工业经济，2007（5）：39 – 47.

［52］刘志彪，张杰．从融入全球价值链到构建国家价值链：中国产业升级的战略思考［J］．学术月刊，2009（9）：59 – 68.

［53］罗珉，刘永俊．企业动态能力的理论架构与构成要素［J］．中国工业经济，2009（1）：75 – 86.

［54］马鸿佳，董保宝，葛宝山．创业能力、动态能力与企业竞争优势的关系研究［J］．科学学研究，2014（3）：431 – 440.

［55］马晶梅．技术复杂度与我国外包企业技术优势及技术溢出效应——基于增加值的实证研究［J］．科学学研究，2016，34（9）：1397 – 1403，1431.

［56］马晶梅，陈亚楠．中国制造业出口贸易利得分配与环境成本研究——基于全球价值链视角［J］．统计与信息论坛，2020，35（3）：86 – 93.

［57］马晶梅，丛东洋．中国对美国真实比较优势研究——基于增

加值视角［J］．科技与管理，2017，19（6）：85-92．

［58］马晶梅，丁一兵．全球价值链背景下中美高技术产业分工地位研究［J］．当代经济研究，2019（4）：79-87．

［59］马晶梅，秦馨．新贸易核算框架下电气制造业本土出口收益研究［J］．科技与管理，2019，21（2）：33-41．

［60］聂聆，李三妹．制造业全球价值链利益分配与中国的竞争力研究［J］．国际贸易问题，2014（12）：102-113．

［61］潘文卿，李跟强．中国区域的国家价值链与全球价值链：区域互动与增值收益［J］．经济研究，2018（3）：171-186．

［62］彭中文，李力，王媚华．政治关联、公司治理与研发创新——基于高端装备制造业上市公司的面板数据［J］．湖南师范大学社会科学学报，2015，44（2）：124-131．

［63］浦徐进，诸葛瑞杰．过度自信和公平关切对装备制造业供应链联合研发绩效的影响［J］．管理工程学报，2017，31（1）：10-15．

［64］綦良群，蔡渊渊，王成东．全球价值链的价值位势、嵌入强度与中国装备制造业研发效率——基于 SFA 和研发两阶段视角的实证研究［J］．研究与发展管理，2017，29（6）：26-37，90．

［65］钱方明．基于 NVC 的长三角传统制造业升级机理研究［J］．科研管理，2013（4）：74-78．

［66］钱学锋，熊平．中国出口增长的二元边际及其因素决定［J］．经济研究，2010（1）：65-79．

［67］钱学锋，王菊蓉，黄云湖，王胜．出口与中国工业企业的生产率——自我选择效应还是出口学习效应？［J］．数量经济技术经济研究，2011（2）：37-51．

［68］邱斌，叶龙凤，孙少勤．参与全球生产网络对我国制造业价值链提升影响的实证研究——基于出口复杂度的分析［J］．中国工业经

济，2012（1）：57-67.

[69] 施炳展. 全球贸易失衡的三元边际［J］. 世界经济文汇，2010（5）：91-104.

[70] 施炳展. 中国出口产品的国际分工地位研究——基于产品内分工的视角［J］. 世界经济研究，2010（1）：56-62.

[71] 施炳展，邵文波. 中国企业出口产品质量测算及其决定因素——培育出口竞争新优势的微观视角［J］. 管理世界，2014（9）：90-106.

[72] 沈鸿，向训勇，顾乃华. 全球价值链嵌入位置与制造企业成本加成——贸易上游度视角的实证研究［J］. 财贸经济，2019，40（8）：83-99.

[73] 苏庆义，高凌云. 全球价值链分工位置及其演进规律. 统计研尚涛. 全球价值链与我国制造业国际分工地位研究——基于增加值贸易与Koopman分工地位指数的比较分析［J］. 经济学家，2015（4）：91-100.

[74] 孙天阳，肖皓，孟渤，许和连. 制造业全球价值链网络的拓扑特征及影响因素——基于WWZ方法和社会网络的研究［J］. 管理评论，2018，30（9）：49-60.

[75] 幸炜，李长英，沈伟. 增加值贸易视角下全球价值链双边嵌套特征及其动态演进［J］. 世界经济研究，2018（4）：110-122.

[76] 王成东. 区域产业融合与产业研发效率提升——基于SFA和中国30省市的实证研究［J］. 中国软科学，2017（10）：94-103.

[77] 王成东，蔡渊渊. 全球价值链下产业研发三阶段效率研究：以中国装备制造业为例［J］. 中国软科学，2020（3）：46-56.

[78] 王成东，徐建中. GVC嵌入、无形资产要素与装备制造企业价值创造效率［J］. 科技进步与对策，2019，36（11）：92-99.

[79] 王成东, 朱显宇, 蔡渊渊, 綦良群. GVC 嵌入、产业 R&D 效率与提升策略研究 [J]. 科学学研究, 2020, 38 (9): 1597 – 1607, 1728.

[80] 王俊, 杨恬恬. 全球价值链、附加值贸易与中美贸易利益测度 [J]. 上海经济研究, 2015 (7): 115 – 128.

[81] 王恩胡, 杜婷. 加入 WTO 以来中国出口商品竞争优势的演变 [J]. 西安财经学院学报, 2015 (1): 63 – 70.

[82] 王涛生. 中国出口竞争新优势的测度与分析 [J]. 管理世界, 2013 (2): 172 – 173.

[83] 王岚. 融入全球价值链对中国制造业国际分工地位的影响 [J]. 统计研究, 2014 (5): 17 – 23.

[84] 王岚. 全球价值链嵌入与贸易利益: 基于中国的实证分析 [J]. 财经研究, 2019, 45 (7): 71 – 83.

[85] 王岚, 盛斌. 中国对美制成品出口竞争优势: 本土市场效应与比较优势——基于倍差引力模型的经验分析 [J]. 世界经济文汇, 2013 (2): 67 – 79.

[86] 王岚, 盛斌. 全球价值链分工背景下的中美增加值贸易与双边贸易利益 [J]. 财经研究, 2014 (9): 97 – 108.

[87] 王彦芳, 陈淑梅. 全球价值链视角下中国制造业出口贸易网络格局分析 [J]. 当代财经, 2017 (7): 92 – 102.

[88] 汪小帆, 李翔, 陈关荣. 网络科学导论 [M]. 北京: 高等教育出版社, 2012.

[89] 王彦芳, 陈淑梅. 全球价值链视角下中国制造业出口贸易网络格局分析 [J]. 当代财经, 2017 (7): 92 – 102.

[90] 王燕飞. 国家价值链视角下中国产业竞争力的测度与分析 [J]. 数量经济技术经济研究, 2018 (8): 21 – 38.

[91] 王直, 魏尚进, 祝坤福. 总贸易核算法: 官方贸易统计与全

球价值链的度量［J］．中国社会科学，2015（9）：108-127．

［92］魏浩，袁然．国际人才流入与中国企业的研发投入［J］．世界经济，2018，41（12）：144-166．

［93］魏守华，周斌．中国高技术产业国际竞争力研究——基于技术进步与规模经济融合的视角［J］．南京大学学报（哲学·人文科学·社会科学），2015（5）：15-26．

［94］文武，张宓之，汤临佳．金融发展对研发投入强度的阶段性非对称影响［J］．科学学研究，2018，36（12）：2179-2190．

［95］吴凡，陈良华，祖雅菲．内部资本市场对企业现金持有与研发投入持续性的影响——基于集团下科技企业样本的经验证据［J］．中国软科学，2019（7）：111-124．

［96］吴航，陈劲．新兴经济国家企业国际化模式影响创新绩效机制——动态能力理论视角［J］．科学学研究，2014（8）：1262-1270．

［97］肖延高，刘鑫，童文锋，康凯悦．研发强度、专利行为与企业绩效［J］．科学学研究，2019，37（7）：1153-1163．

［98］辛娜，袁红林．全球价值链嵌入与全球高端制造业网络地位：基于增加值贸易视角［J］．改革，2019（3）：61-71．

［99］谢子远，张海波．产业集聚影响制造业国际竞争力的内在机理——基于中介变量的检验［J］．国际贸易问题，2014（9）：24-35．

［100］姚洋，章林峰．中国本土企业出口竞争优势和技术变迁分析［J］．世界经济，2008（3）：3-11．

［101］姚星，王博，蒲岳．"一带一路"沿线国家服务中间投入的网络结构特征及其影响因素［J］．世界经济研究，2018（1）：122-133．

［102］姚星，梅鹤轩，蒲岳．国际服务贸易网络的结构特征及演化研究——基于全球价值链视角［J］．国际贸易问题，2019（4）：109-124．

［103］尹彦罡，李晓华．中国制造业全球价值链地位研究［J］．

财经问题研究，2015（11）：18 - 26.

[104] 尹伟华. 基于全球价值链视角的中美制造业双边贸易分解与失衡分析[J]. 统计与信息论坛，2016（3）：21 - 27.

[105] 袁红林，辛娜. 中国高端制造业的全球贸易网络格局及其影响因素分析[J]. 经济地理，2019，39（6）：108 - 117.

[106] 原毅军，于长宏. 研发效率、创新条件与企业R&D结构[J]. 科研管理，2019，40（8）：135 - 144.

[107] 于津平，邓娟. 垂直专业化、出口技术含量与全球价值链分工地位[J]. 世界经济与政治论坛，2014（2）：44 - 62.

[108] 俞荣建. 基于共同演化范式的代工企业GVC升级机理研究与代工策略启示——基于二元关系的视角[J]. 中国工业经济，2010（2）：16 - 25.

[109] 赵登峰，牛芳，曹秋静. 中国出口产业在全球价值链中的地位——来自增加值贸易的证据[J]. 深圳大学学报（人文社会科学版），2014（6）：107 - 115.

[110] 赵桐，宋之杰. 中国装备制造业的双重价值链分工——基于区域总产出增加值完全分解模型[J]. 国际贸易问题，2018（11）：74 - 89.

[111] 张杰，李勇，刘志彪. 出口促进中国企业生产率提高吗？——来自中国本土制造业企业的经验证据：1999～2003[J]. 管理世界，2009，12：11 - 26.

[112] 张月月，俞荣建，谢杰. 多重嵌入、跨界搜索与中国装备制造企业价值链跃迁[J]. 社会科学战线，2018（9）：72 - 78.

[113] 郑丹青，于津平. 增加值贸易视角下双边贸易利益再分解——以中美贸易为例[J]. 世界经济研究，2016（5）：52 - 63.

[114] 郑展鹏. 中国对外贸易结构及出口竞争优势的实证研究

[J]. 国际贸易问题, 2010 (7): 42-47.

[115] 周升起, 兰珍先, 付华. 中国制造业在全球价值链国际分工地位再考察——基于 Koopman 等的"GVC 地位指数"[J]. 国际贸易问题, 2014 (2): 3-12.

[116] 宗毅君. 出口二元边际对竞争优势的影响——基于中美 1992~2009 年微观贸易数据的实证研究 [J]. 国际经贸探索, 2012 (1): 24-33.

[117] Afza T., Asghar M. J. E. K. A. Efficiency of Commercial Banks in Pakistan: Application of SFA and Value Added Approach [J]. Argumenta Oeconomica, 2017, 38 (1): 195-220.

[118] Alfaro L., Antràs P., Chor D., et al. Internalizing Global Value Chains: A Firm-Level Analysis [R]. National Bureau of Economic Research, 2015.

[119] Antràs P., Chor D., Fally T., et al. Measuring the Upstreamness of Production and Trade Flows [J]. American Economic Review, 2012, 102 (3): 412-16.

[120] Antràs P., Chor D. On the Measurement of Upstreamness and Downstreamness in Global Value Chains [R]. National Bureau of Economic Research, 2018.

[121] Antras P., Helpman E. Global, Sourcing [J]. Journal of Political Economy, 2004, 112 (3): 552-580.

[122] Antràs P., Hillberry R. Measuring the Upstreamness of Production and Trade Flows [J]. Social Science Electronic Publishing, 2012, 102 (3): 412-416.

[123] Antras P., Chor Davin. Organizing the Global Value Chain [R]. NBER Working Paper No. 18163, 2012.

参考文献

[124] Baldwin R. E., Forslid R. Trade Liberalization with Heterogeneous Firms [R]. CEPR Discussion Paper 4635, 2004.

[125] Baldwin R. E., Okubo T. Heterogeneous Firms, Agglomeration and Economic Geography: Selection and Sorting [R]. CEPR Discussion Papers, 2004, 6 (3): 323-346.

[126] Barabási A. L., Albert R. Emergence of Scaling in Random Networks [J]. Science, 1999, 286 (5439): 509-512.

[127] Barney J., Firm Resources and Sustained Competitive Advantage [J]. Journal of Management, 1991, 17 (1): 99-120.

[128] Belgin Onder. Analysing R&D Efficiency of Turkish Regions Using Data Envelopment Analysis [J]. Technology Analysis & Strategic Management, 2019 (5): 31 (11): 1341-1352.

[129] Benassi M., Greve A., Harkola J. Looking for a Network Organization: The Case of GESTO [J]. Journal of Market-Focused Management, 1999, 4 (3): 205-229.

[130] Bernard A. B., J. Eaton, J. B. Jensen J. and S. Kortum. Plants and Productivity in International Trade [J]. American Economic Review, 2003, 93 (4): 1268-1290.

[131] Bernard A. B. Jensen J. B., Schott P. K. Trade Costs Firms and Productivity [J]. Journal of Monetary Economics, 2006, 53 (5): 917-937.

[132] Bernard A., Stephen R. and Peter Schott. Comparative Advantage and Heterogeneous Firms [J]. Review of Economic Studies, 2007, 74 (1): 31-66.

[133] Bernard A. B., Redding S. and Schott P. K. Multiproduct Firms and Trade Liberalization [J]. The Quarterly Journal of Economics, 2011, 126 (3): 1271-1318.

［134］Bustos P. Trade Liberalization, Exports and Technology Upgrading: Evidence on the Impact of Mercosur on Argentinean Firms［J］. American Economic Review, 2011, 101 (1): 304-340.

［135］Cassiman B., Golovko E. and Martínez-Ros E. Innovation, Exports and Productivity［J］. International Journal of Industrial Organization, 2010, 28 (4): 372-376.

［136］Combes P., Duranton G., Gobillon L., Puga D. and Roux S. The Productivity Advantages of Large Cities: Distinguishing Agglomeration From Firm Selection［J］. Econometrics, 2012, 80 (6): 2543-2594.

［137］Das S., Roberts M. J., James R. Tybout. Market Entry Costs, Producer Heterogeneity, and Export Dynamics［J］. Econometrica, 2007, 75 (3): 837-873.

［138］De Loecker J., Goldberg P., Khandelwal A. and Pavcnik N. Prices, Markups and Trade Refotm［R］. Princeton: Princeton University, 2014.

［139］De Loecker J., Van Biesebroeck J. Effect of International Competition on Firm Productivity and Market Power［R］. NBER Working Paper No. 21994, 2016.

［140］De Loecker J., Warzynski F. Markups and Firm-Level Export Status［J］. The American Economic Review, 2012, 102 (6): 2437-2471.

［141］De Backer K., Miroudot S. Mapping Global Value Chains［R］. OECD Trade Policy Working Paper, No. 159, 2013.

［142］Daudin G., Rifflart C., Schweisguth D. Who Produces for Whom in the World Economy?［J］. Canadian Journal of Economics/revue Canadienne Déconomique, 2011, 44 (4): 1403-1437.

［143］Dinh Tami, Sidhu Baljit and Yu Chuan. Accounting for Intangibles: Can Capitalization of R&D Improve Investment Efficiency? [J]. A Journal of Accounting Finance and Business Studies, 2019, 55 (3): 92 – 127.

[144] Elena Cefis, Orietta Marsili. Born to Flip. Exit Decisions of Entrepreneurial Firms in High-tech and Low-tech Industries [J]. Journal of Evolutionary Economics, 2011, 21 (3): 473 – 498.

[145] Fagiolo G., Reyes J. and Schiavo S. The Evolution of the World Trade Web: A Weighted-Network Analysis [J]. Journal of Evolutionary Economics, 2010, 20 (4): 479 – 514.

[146] Fagiolo G., Mastrorillo M. Migration and Trade: A Complex-network Approach [C]. 2013 International Conference on Signal-Image Technology & Internet-Based Systems. IEEE, 2013: 538 – 545.

[147] Fall Francois, Akim Al-mouksit, Wassongma Harouna. DEA and SFA Research on the Efficiency of Microfinance Institutions: a Meta-Analysis [J]. World Development, 2018, 107 (7): 176 – 188.

[148] Feenstra R. C. Restoring the Product Variety and Pro-Competitive Gains from Trade with Heterogeneous Firms and Bounded Productivity [R]. NBER Working Papers, 2014.

[149] Frederick S., Gereffi G. Upgrading and Restructuring in the Global Apparel Value Chain: Why China and Asia Are Outperforming Mexico and Central America [J]. International Journal of Technological Learning, Innovation and Development, 2011, 4 (1/2/3): 67.

[150] Fontagne L., Gaulier G. and Zignago S. Specialisation Across Varieties Within Products and North-South Competition [R]. SSRN Electronic Journal, 2007.

[151] Garlaschelli D., Loffredo M. I. Structure and Evolution of the World Trade Network [J]. Physica A: Statistical Mechanics and its Appli-

cations, 2005, 355 (1): 138 – 144.

[152] George G. Learning to Be Capable: Patenting and Licensing at the Wisconsin Alumni Research Foundation 1925 ~ 2002 [J]. Industrial & Corporate Change, 2005, 14 (1): 119 – 151.

[153] Gereffi G. International Trade and Industrial Upgrading in the Apparel Commodity Chain [J]. Journal of International Economics, 1999, 48 (1): 37 – 70.

[154] Gereffi G., Humphrey J. and Sturgeon T. The Governance of Global Value Chains [J]. Review of International Political Economy, 2005, 12 (1): 78 – 104.

[155] Gereffi G., Frederick S. The Global Apparel Value Chain, Trade and the Crisis: Challenges and Opportunities for Developing Countries [R]. Policy Research Working Paper, 2010.

[156] Grossman G. M., Helpman E. and Szeidl A. Optimal Integration Strategies for the Multinational Firm [J]. Journal of International Economics, 2004, 70 (1): 216 – 238.

[157] Gurmu S., Perez-Sebastian F. Patents. R&D and Lag Effects: Evidence from Flexible Methods for Count Panel Data on Manufacturing Firms [J]. Empirical Economics, 2008, 35 (3): 507 – 526.

[158] Hallak J. C., Sivadasan J. Firms' Exporting Behavior under Quality Constraints [J]. SSRN Electronic Journal, No. 14928. 2009.

[159] Hallak J. C., Schott P. K. Estimating Cross-Country Differences in Product Quality [J]. Quarterly Journal of Economics, 2011, 126 (1): 417 – 474.

[160] Hamdan M., Rogers J. and Hamdan A. Build to order supply chain efficiency using stochastic frontier analysis (SFA) [C]. Portland In-

ternational Conference on Management of Engineering and Technology, SEP 04 -08, 2016: 2205 -2215.

[161] Hansman C. , Hjort J. and León Gianmarco, et al. Vertical Integration, Supplier Behavior, and Quality Upgrading Among Exporters [R]. NBER Working Papers, No. 23949, 2018.

[162] Hausman R. , Huang Y. and Rodrik D. What You Export Matters [R]. NBER Working Paper, No. 11905. 2005.

[163] Helpman E. , Yeaple S. R. Export versus FDI with Heterogeneous Firms [J]. American Economic Review, 2004, 94 (1): 300 -316.

[164] Hu J. , Yang C. and Chen C. R&D Efficiency and the National Innovation System: An International Comparison Using the Distance Function Approach [J]. Bulletin of Economic Research, 2014, 66 (1): 55 -71.

[165] Hummels D. , Ishii J. and Yi K. M. The Nature and Growth of Vertical Specialization in World Trade [J]. Journal of International Economics, 2001, 54 (1): 75 -96.

[166] Hummels D. , Klenow P. J. The Variety and Quality of a Nation's Exports [J]. American Economic Review, 2005, 95 (3): 704 -723.

[167] Humphrey J. , Schmitz H. Governance and Upgrading: Linking Industrial Cluster and Global Value Chain Research [R]. IDS Working Paper 120, 2000.

[168] Humphrey J. , Schmitz H. How Does Insertion in Global Value Chains Affect Upgrading in Industrial Clusters? [J]. Regional Studies, 2002, 36 (9): 1017 -1027.

[169] Johnson R. C. , Noguera G. Accounting for Intermediates: Production Sharing and Trade in Value Added [J]. Journal of International Economics, 2012, 86 (2): 224 -236.

[170] Ju J. , Yu X. Productivity, Profitability, Production and Export Structures along the Value Chain in China. CIER [R]. Tsinghua University, Working Paper, 2014.

[171] Kaplinsky R. , Morris M. A handbook for Value Chain Research [R]. University of Sussex, Institute of Development Studies, 2000.

[172] Kharrazi A. , Rovenskaya E. , Fath B. D. Network Structure Impacts Global Commodity Trade Growth and Resilience [J]. Public Library of Science One, 2017, 12 (2): e0171184.

[173] Koopman R. , Wang Z. , Wei S. J. How Much of Chinese Exports Is Really Made in China? Assessing Domestic Value-Added When Processing Trade Is Pervasive [R]. National Bureau of Economic Research, 2008.

[174] Koopman R. , Powers W. , Wang Z. , et al. Give Credit Where Credit Is Due: Tracing Value Added in Global Production Chains [R]. National Bureau of Economic Research, 2010.

[175] Koopman R. , Wang Z. and Wei S. J. Estimating Domestic Content in Exports When Processing Trade is Pervasive [J]. Journal of Development Economics, 2012, 99 (1): 178–189.

[176] Koopman R. , Wang Z. and Wei S. J. Tracing Value-Added and Double Counting in Gross Exports [J]. American Economic Review, 2012, 104 (2): 459–494.

[177] Li X. , Jin Y. Y. and Chen G. Complexity and Synchronization of the World Trade Web [J]. Physica A: Statistical Mechanics and its Applications, 2003, 328 (1–2): 287–296.

[178] Lileeva A. , Trefler D. Improved Access to Foreign Markets Raises Plant-Level Productivity for Some Plants [J]. Quarterly Journal of

Economics, 2010, 125 (3): 1051 - 1099.

[179] Los B., Timmer M. P. Measuring Bilateral Exports of Value Added: A Unified Framework [R]. NBER Working Paper, 2018.

[180] Manova K., Zhang Z. Multi-Product Firms and Product Quality [R]. NBER Working Papers, No. 18637. 2012.

[181] Mayer T., Melitz M. J. and Ottaviano G. I. P. Product Mix and Firm Productivity Responses to Trade Competition [R]. NBER Working Paper No. 22433. 2016.

[182] Michel B., Hambÿe C. and Hertveldt B. The Role of Exporters and Domestic Producers in GVCs: Evidence for Belgium Based on Extended National Supply-and-Use Tables Integrated into a Global Multiregional Input-Output Table [R]. NBER Working Paper, 2018.

[183] Mulder N., Paillacar R. and Zignago S. Market Positioning of Varieties in World Trade: Is Latin America Losing Out on Asia? [J]. SSRN Electronic Journal, 2009.

[184] Park J. H., Shin K. Efficiency of Government-Sponsored R&D Projects: A Metafrontier DEA Approach [J]. Sustainability, 2018, 10 (7), 2316.

[185] Penrose E. T. The Theory of the Growth of the Firm [M]. Oxford: Oxford University Press, 1959.

[186] Pisano G., Teece D. The Dynamic Capabilities of Firms: An Introduction [J]. Industrial and Corporate Change, 1994, 3 (3): 537 - 556.

[187] Pula G., Santabárbara D. Is China Climbing Up the Quality Ladder? [J]. SSRN Electronic Journal, 2012, 45 (8): 32 - 38.

[188] Robert C. J. Measuring Global Value Chains [R]. NBER Working Paper, No. 24027, 2017.

[189] Rodrik D. What is So Special about China's Exports? [J]. China & World Economy, 2006, 14 (5): 1 – 19.

[190] Rodrik D. New Technologies, Global Value Chains, and Developing Economies [R]. NBER Working Paper, No. 25164, 2018.

[191] Lall S. The Technological Structure and Performance of Developing Country Manufactured Exports, 1985~1998 [J]. Oxford Development Studies, 2000, 28 (3): 337 – 369.

[192] Serrano M. A., Boguñá M. Topology of the World Trade Web [J]. Physical Review E, 2003, 68 (1): 015101.

[193] Schott P. K. Across-Product versus Within-Product Specialization in International Trade [J]. Quarterly Journal of Economics, 2004, 119 (2): 647 – 678.

[194] Schweitzer F., Fagiolo G. and Sornette D., et al. Economic Networks: The New Challenges [J]. Science, 2009, 325 (5939): 422 – 425.

[195] Silva T. C., Tabak B. M., Cajueiro D. O. and Boas D. M. V. A Comparison of DEA and SFA Using Micro-and Macro-Level Perspectives: Efficiency of Chinese Local Banks [J]. Physica A-Statistical Mechanics and Its Applications, 2017, 469 (3): 216 – 223.

[196] Smith D. A., White D. R. Structure and Dynamics of the Global Economy: Network Analysis of International Trade 1965~1980 [J]. Social Forces, 1992, 70 (4): 857 – 893.

[197] Teece D., Pisano G. The Dynamic Capabilities of Firms: An Introduction [J]. Industrial & Corporate Change, 1994, 3 (3): 537 – 556.

[198] Teece D. J. Explicating Dynamic Capabilities: The Nature and Microfoundations of (Sustainable) Enterprise Performance [J]. Strategic Management Journal, 2010, 28 (13): 1319 – 1350.

参考文献

[199] Teece D. J., Pisano G. and Shuen A. Dynamic Capabilities and Strategic Management [J]. Strategic Management Journal, 2015, 18 (7): 509-533.

[200] Timmer M. P., Erumban A. A., Los B., Stehrer R., De G J. Slicing Up Global Value Chains [J]. Journal of Economic Perspectives, 2014, 28 (2): 99-118.

[201] Tomas V. J., Sharma S., Sudhir K. J. Using Patents and Publications to Assess R&D Efficiency in the States of the USA [J]. World Patent Information, 2011, 33 (1): 4-10.

[202] Upward R., Wang Z., Zheng J. Weighing China's Export Basket: The Domestic Content and Technology Intensity of Chinese Exports [J]. Journal of Comparative Economics, 2013, 41 (2): 527-543.

[203] Verhoogen E. A. Trade, Quality Upgrading and Wage Inequality in the Mexican Manufacturing Sector [J]. Quarterly Journal of Economics, 2007, 123 (2): 489-530.

[204] Wang Z., Wei S. J. and Zhu K. F. Quantifying International Production Sharing at the Bilateral and Sector Level [R]. NBER Working Paper. No. 19677. 2013.

[205] Wang Zhi. Gross Trade Accounting: Discover information of Global Value Chain from gross trade flows. Global Value-Chain Training and Research Workshop UIBE, Beijing, 2015.

[206] Wang Z., Wei S. J., Yu X., et al. Measures of Participation in Global Value Chains and Global Business Cycles [R]. NBER Working Paper, No. 23222, 2017a.

[207] Wang Z., Wei S. J., Yu X., et al. Characterizing Global Value Chains: Production Length and Upstreamness [R]. NBER Working Pa-

per, No. 23261, 2017b.

[208] Watts D. J., Strogatz S. H. Collective Dynamics of "Small-world" Networks [J]. Nature, 1998, 393 (6684): 440.

[209] Wellman B., Wortley S. Different Strokes from Different Folks: Community Ties and Social Support [J]. American Journal of Sociology, 1990, 96 (3): 558 – 588.

[210] Wernerfelt B. From Critical Resource to Corporate Strategy [J]. Journal of General Management, 1989, 14 (3): 4 – 12.

[211] Winter S. G. Understanding Dynamic Capabilities [J]. Strategic Management Journal, 2003, 24 (10): 991 – 995.

[212] Wu L. Y. Applicability of the Resource-Based and Dynamic-Capability Views Under Environmental Volatility [J]. Journal of Business Research, 2010, 63 (1): 27 – 31

[213] Yeaple S. R. A Simple Model of Firm Heterogeneity, International Trade, and Wages [J]. Journal of International Economics, 2005, 65 (1): 1 – 20.

[214] Yeaple S. R. Firm Heterogeneity and Structure of U. S. Multinational Activity [J]. Journal of International Economics, 2009, 78 (2): 206 – 215.

[215] Zahra S. A., Sapienza H. J., Davidsson P. Entrepreneurship and Dynamic Capabilities: A Review, Model and Research Agenda [J]. Journal of Management Studies, 2006, 43 (4): 917 – 955.

[216] Zhu Kunfu. Input-Output Analysis and Trade Decomposition [R]. Global Value-Chain Training and Research Workshop UIBE, Beijing, 2015.